増補改訂版まえがき——復刊に至るまでの奇妙な出来事

原稿の執筆依頼

本書は、二〇〇四年七月に大阪の新元社から出版された砂澤たまゑ著『霊能一代』の復刊です。

復刊にあたり、字句の誤りや単純な事実・史実誤認を訂正した以外は、オリジナル版をほぼそのままの形で残しました。オリジナル版の内容の前に、本書の復刊までの経緯を述べた「増補改訂版まえがき」、後に、オリジナル版の内容に関わる誤りや補足を記載した「註」、オリジナル版の出版後の砂澤の人生を略記した「追記」、砂澤の死後の出来事を略述した「増補改訂版のあとがきに代えて」を新たに付け加えました。

オリジナルの新元社版は二部構成で、第一部は砂澤の自伝的回想、第二部は砂澤が語ったお稲荷《いなり》さんの「おかげ」を集めています。

最初に書いた原稿は、オリジナル版の第一部で、二〇〇〇年の春ごろに完成しました。第二部は、オリジナル版の出版が決まってから、本にするには原稿枚数が足りなかったため、急遽《きゅうきょ》加筆しました。

オリジナル版の第一部の原稿は、最初出版を目的として書いたものではなく、関係者に配るための私的な小冊子を想定して書きました。それが紆余曲折《うよきょくせつ》を経て、出版されることになってしまったのです。そのため、本としては完成度が低く、特に第二部は取ってつけたようなちぐはぐな印象を与えることでしょう。

こうした経緯は、二〇一七年一月に刊行した『お稲荷さんと霊能者』（洋泉社）で書きましたが、読んでおられない方も多いことでしょうから、再度略記します。

一九九七年の夏ごろ、砂澤が突然私に、「本を出したいから、いろいろ話してあげるので、それをもとに何か書きなさい」と言いました。私は稲荷信仰や伏見稲荷はもとより砂澤のこともほとんど何も知りませんでしたので、この仕事は無理だと思いました。

私は最初断るつもりでしたが、断ると砂澤が烈火のごとく怒りだすのは以前の経験から目に見えていましたので、とても言い出す勇気が出ませんでした。結局、自信がないまま引き受けてしまいました。そうせざるをえなかったのです。

私が引き受けたのは、もうひとつ理由がありました。それは、砂澤の話が面白そうだから聞いてみたいということでした。当時、私は稲荷信仰や神道にはほとんど関心がなく、この人の霊能力に興味がありましたので、話を聞いているとこの人の霊能力をもっと見聞《けんぶん》することができるのではないか、さらにその秘密が分かるのではないかと期待したのです。

この時、砂澤が奇妙なことをつぶやいたのが印象に残りました。「本を書けなんて、神さんは何を考えてはるんや」。この言葉から推測すると、この申し出はどうも神さんに言われたから仕方なく言ったことで、砂澤自身の考えではなかったようです。

談話採集

最初に砂澤の話を聞いたのは、一九九八年の二月二日のことでした。その後、三月二十六、二十七日、翌年（一九九九年）の一月一日、二月十一日、三月十九日と、テープに録音しながら聞きました。それぞれ長時間にわたりましたので、かなりの分量の談話がとれました。場所は伏見稲荷の参集殿《さんしゅうでん》（今は解体されてありません）の、砂澤がいつも利用していた部屋でした。

話をとるたびに、帰宅してからテープを再生し、文字に起こす作業を繰り返しました。一九九八年は、二月と三月の分だけでもかなりの量になりました。しかし、起こした文章を読んでみますと、話は支離滅裂《しりめつれつ》で飛びに飛び、収拾がつかぬものでした。このままでは使えませんでした。

話を聞いた以上、何か書かなくてはいけなかったのですが、何をどう書いていいのか、見当がつきませんでした。これらのことについては、砂澤から何も指示が出ていなかったのです。

困ってしまった私は、ともかく何か書いて送ってみて、砂澤の反応を見ることにしました。それによって、何を書けばいいのかヒントが得られるだろうと思ったのです。しかし、何も書けませんでした。そうするうちに催促されてしまい、苦し紛れに短いものをでっち上げて、一九九八年の夏前に送りました。分量は原稿用紙で五十枚に満たず、本にするにはほど遠いものでした。ところが、送ってから返事はなく、その年は暮れてしまいました。

一九九九年の二月に話を聞いた時、砂澤はカバンの中から私が昨年送った原稿を取り出して、「まだまだですね」と言って返してきました。とても読んでくれたとは思えず、神さんがそう言われたのだろうと推測しました。

この時、私は分からないことがたくさんあり、次々と質問しました。すると砂澤は呆《あき》れてしまい、「あんたはこの世界のことが何も分かっていないのだから、書けというほうが無理なのです。神さんも無茶なことを言われる。どうしたらいいのでしょう」と、匙《さじ》を投げてしまいました。私の理解力のなさと無能に愛想を尽《つ》かしてしまったのです。

私は、ついに引導《いんどう》を渡された、この仕事は終わったとホッとしました。この仕事は最初から無理だったのだ、やれというほうが間違っていたのだと、いささか腹が立ちました。

その後、もう電話はかかってこないだろうと思っていましたら、また三月に連絡がありました。伏見稲荷にでかけていくと、再び話を聞かされました。そして、話が終わった後で、砂澤は「もう話すことはありません」と言いました。これが最終の引導でした。

この時、砂澤は、「あなたには経験がないので書けません。それでまず、三丹《さんたん》支部（砂澤が支部長をしていた講員の集まり）のことを短い文章にしなさい。書けたらそれを『大いなり』の編集部に送りなさい。私に言われて送ったということを書き添えておきなさい」と言いました。「大いなり」は伏見稲荷が発行している講員向けの機関誌です（二〇〇六年一月に誌名は「大伊奈利」に変更されました）。

当時、私はなぜそのようなことをしなくてはいけないのか理解できませんでしたが、ともかくこれまでに聞いた話の中から、特に興味深く思った出来事を短く書いて編集部に送りました。しかし、編集部からの返事はなく、やがて原稿を送ったことすら忘れてしまいました。

ところが、この短文が掲載された「大いなり」が、二年後の二〇〇一年の秋に突然送られてきたのには驚きました。しかも、記事に書かれた信者さんが、伏見稲荷の参集殿にやって来られるというおまけまでつきました。

話は戻りますが、一九九九年の三月に、もう話すことはないと砂澤に言われた私は、この仕事は終わったと思いました。しかし、せっかくここまで話を聞いたのに、ここで止《や》めてしまうのは惜しいと思い止《とど》まりました。

この時点ではまだ、本にするテーマが見つかりませんでした。それは私の知識不足と力量のなさのせいでしたが、たとえテーマが見つかったとしても、一冊の本にするには材料が決定的に不足していました。まとまったものを書くには、もう少し話を聞いて材料を集めなければなりません。そして、砂澤の霊能力ももう少し見たいと思いました。

そこで、直接長い話は聞けなくても機会があればこの人に会って言動を観察しようと、方針を切り替えました。砂澤に会っていると、信者さんとのやり取りなどから、思いがけないヒントが得られることがあるからです。

原稿執筆

一九九九年の四月から、私は砂澤が伏見稲荷に来る時を見計《みはか》らって、会いに出かけていくようになりました。多くの人が砂澤に会いに来ている時は、傍《そば》で話が聞けないのですぐ退散しましたが、少ない時は近くにいて人々とのやり取りに耳を傾けるようにしました。もう大っぴらに話を録音することはできませんでしたので、面白いと思ったことや、気がついたことを、持参していた小さなメモ帳にそのつど記録しました。

さらに並行して、伏見稲荷の大きな祭りを見物し、砂澤が出席していた祭典にも同席させてもらい、稲荷山での行《ぎょう》を見物しました。こうした作業を、二〇〇三年の十月まで断続的に続けました。

この取材とは別に、私は砂澤の話の背景となっている戦中戦後の日本の社会や歴史、稲荷信仰や伏見稲荷、神道、空海と真言宗、霊能力と霊能者などについて本格的に調べ始めました。私にはこれらの知識がほとんどなく、最低限の知識がないと、砂澤の言っていることがよく理解できないことに気がついたからです。

これらのことは数年前から調べ始めてはいたのですが、このころから身を入れて本格的に取り組みました。しかし、私にとっていずれも未知の分野でしたから、時間がかかりました。また短いものを書けと言われていたので、そうすればいいのかと勘違いして、短いものを書いて砂澤に数回送りました。ある時、砂澤は私の顔を見ると、「もっと真剣にやれ、そうすれば受けてやると神さんが言っておられます」と言いました。なすすべがありませんでした。

砂澤を観察し始めた一九九九年の七月、砂澤は奇妙な予言をしたあと、自動車事故に遭い、むち打ち症になってしまいました。重症で、首が曲がり、頭は前に傾いてしまいました。砂澤はコルセットをつけ、治療に通うようになりましたが、目に見えて衰弱がひどくなり、長時間人と話すことができなくなってしまいました。

私はその様子を見ていて、長い話を聞くことはできなくなったと判断し、これまでに聞いた話をまとめて、この仕事を締めくくることにしました。

この時点ではまだ、砂澤の話をあるテーマを決めて自分の言葉で一冊の本になるぐらいの分量を書く力は、私にはありませんでしたので、他の方法を考えなくてはなりませんでした。

砂澤はそれまで本にすると言ってみたり、生涯の記念に小冊子を作って関係者に配りたいと言ってみたり、よく言うことが変わりました。私はどう対応すればいいのか分かりませんでした。しかし、本を書くのは無理だが、小冊子にするぐらいの分量なら書けるかもしれないと思いました。小冊子なら、砂澤が住んでいる町の印刷屋に原稿を渡して頼めば作れます。これでいこうと決めました。

生涯の記念にということになると、それにふさわしい内容は、歩んできた道を振り返る回想記がいいだろうと思いました。私は昔から人の人生を書いた伝記、評伝、歴史小説の類《たぐい》を読むことが好きでしたので、これなら私の好みにあいます。しかも、砂澤の人生は波乱万丈《はらんばんじょう》でしたので、私には面白かったのです。

私は、このテーマなら、私の文章で書くよりも、砂澤の話から自身の人生に関する部分だけを拾い上げて、再構成したほうが面白いと思いました。これなら、砂澤の語り口をいかすことができます。私は作業に取りかかりました。

方針が決まると、意外と簡単に書けました。ただ分からないことが多くて困りました。しかし、本人の言葉なので多少間違いがあっても許してもらえるでしょうし、本人の名前で出ますので、気が楽でした。

出来上がった原稿は、小冊子にするなら十分な分量でしたので、「このようなものでよければ、町の印刷所に持って行って小冊子を作ってください。そしてできたものを関係者に配ってください」と書いて、砂澤に送りました。

原稿を送ると、これでようやくこの仕事は終わったと、せいせいしました。しかし、返事は返ってきませんでした。その後、他の仕事にかまけて、原稿を送ったことすら忘れてしまいました。

出版決定

二〇〇〇年が明け、二十一世紀が始まりました。この年の初めから二〇〇二年の秋まで、私はあまり砂澤に会う機会がありませんでした。砂澤に翻訳の仕事をやれと言われて始めたからです。砂澤に翻訳をやれと言われた時もびっくりしました。翻訳などやったことがなかったからです。私には無理だと思いましたが、断ると怒り出すことは自明でしたので、この時も、やりますと生《なま》返事をして、お茶を濁しました。

ところが、本当に翻訳の仕事が入って来たのですから、不思議でした。さらに、本を書く仕事まで入ってくるようになりました。翻訳の仕事は、このあと六年間、ずいぶんやりました。

砂澤は、私に翻訳をやれと言った時、「やっていれば後でよかったと思いますよ」と、意味《いみ》深《しん》なことを言いました。私は、その意味が、長い間分かりませんでした。しかし、今では、私に文章を書く練習をさせるためだったのだろうと思っています。翻訳というのは、外国語の文章の意味を日本語の文章に置き換える作業ですから、結局日本語の文章を作ることになります。これがひいては、文章を書く訓練になるのです。

これも、神さんが見るに見かねて、私に文章を書く練習をさせるために、翻訳をやらせろと砂澤に言わせたからでしょう。砂澤はときどき、「どうです。少しは手があがりましたか」と、からかい半分に言いました。

二〇〇二年の秋に砂澤に会った時、砂澤は突然、「本にします」と言って、私が二年前に送った原稿を、カバンの中から取り出してきました。私は小冊子にするつもりでしたので、話が違うと思いました。本にするには分量が足りませんし、本になるような書き方はしていませんでした。

砂澤はその時、「神さんがだいぶ分かってきたようだな、とおっしゃってますよ」と言いました。神さんは人の頭の中まで分かるのかと、呆れました。

私は返事に困り、少し考えさせてくださいと言って、原稿を引き取って帰りました。改めて目を通してみましたが、どう書き加えても長くならないことは明らかでした。この原稿をそのまま使って本にするとなると、何か新しく原稿を書き加えなければなりません。

いろいろ考えた挙句《あげく》、砂澤が人助けをした話をたくさん集めて付け加えれば、すでに書いた回想記の補《おぎな》いになるのではないかと思いました。こうして二部構成にすると、立体的に砂澤の人生が浮かび上がります。しかし、長い談話の中からそれを拾い出していくのは、大変な作業になります。それに、この作業が完成したとしても、本を出してくれる出版社は見つかりそうにありません。どうしたものかと思案しているうちに、一年が過ぎました。

二〇〇三年の秋、私は久しぶりに砂澤に会いに伏見稲荷に出かけていきました。砂澤はたくさんの人に囲まれて、機嫌よく話していました。私は少し離れたところに座って、その話を聞いていました。すると突然、砂澤の横顔に男の顔が浮かび上がりました。顔は老人のように見えました。野太《のぶと》い声でその男は、私に原稿のことを話しました。男の言葉を聞いて、いよいよ本にするための仕事を始めなくてはならなくなったと決心しました。

すでに構想はできていましたので、原稿は一気に書けました。原稿は砂澤に見せて了解を得ませんでした。見せても読んでくれないからです。原稿ができると、出してくれる出版社を探さなくてはいけなくなりました。しかし、見つかりそうにありませんでした。

その年の暮れに、大阪のある出版社の社長に会い、雑談する機会がありました。その時、「最近こんな原稿を書きまして」という話を何気なくしました。私が、「でも、出してくれるところなんてありませんよね」と言いますと、社長は「うちでは出せないが、関係がある他の出版社なら出せます」と言われたのです。私は一瞬耳を疑いましたが、すぐに「ぜひお願いします」と、その話に飛びついてしまいました。

話は前後しますが、砂澤はこの年の秋（二〇〇三年）に、引退宣言をしました。しかし、相変わらず伏見稲荷には来ていました。

出版後の反響

二〇〇四年の二月、私は本を出してくれることになった出版社の社長を、伏見稲荷で砂澤に紹介しました。この時、砂澤は「本のタイトルは『霊能一代』にすると神さんが言われました」と言いました。私は、本のタイトルまで考えてしまう神さんがいるのかと呆れました。

本作りは、編集や校正、そして装丁も、すべて私ひとりでやりました。他の人の目が一切入っていませんので、オリジナル版にミスが多いのはそのせいです。

原稿がゲラになると、砂澤の名前で出るのだから、本人に内容をチェックしてもらったほうがいいだろうと思い、ゲラを砂澤の自宅に持参しました。ゲラを送っても砂澤が読んでくれないことは目に見えていましたので、手を変えて、砂澤の前で文章を読み上げてチェックしてもらおうと思ったのです。

砂澤に用件を伝え、部屋にあげてもらって、ゲラを読み上げ始めました。ところが、砂澤はたちまち居眠りを始めてしまい、聞いてくれませんでした。ついに私はこの作業を諦《あきら》めてしまいました。この有様では見切り発車するしかない、あとはどうなろうと本人の責任で、私はやるべきことはすべてやったのでもう関係ない、終わりにすると決めました。

本は、二〇〇四年七月に出来上がりました。私が見本を持っていくと、砂澤は「えらいことになった」とつぶやきました。砂澤にしては珍しく狼狽《ろうばい》しました。本当に本ができるとは思っていなかったように見えました。

『霊能一代』は、大きな書店では一週間ほど平台《ひらだい》に積まれていましたが、すぐに消えてしまいました。初版は千五百冊しか刷らなかったので、書店の扱いとしてはこんなものだろうと思いました。

砂澤は本を少し買ってくれました。関係者に配ったようです。伏見稲荷からは百二十冊寄付しろと言われましたので、三丹支部が買い上げて寄付してくれました。本は一時期、伏見稲荷の社務所と参集殿の受付に積まれて売られていたそうです。私はそれは見ていません。

本が出てから、反響はまったくありませんでした。砂澤も追加で買い上げてくれませんでしたので、これ以上本が売れる見込みはありませんでした。本は大量に売れ残り、惨敗《ざんぱい》するだろう、出してくれた出版社には損をさせて申し訳ないことをしたと、後悔しました。以後、出版社に売れ行きを確認することもなく、私はこの本のことを忘れてしまいました。

『霊能一代』が出た後、私は何度かパラパラとこの本を読み返しましたが、ミスや間違いが多いことに気がつくようになりました。出版の三年前に原稿を書き始めた時と比べると、私にはさまざまな知識が蓄積されていましたので、それをもとに読んでみると、間違いやアラが目につくようになったのです。

私は、これはひどい、いずれ折を見て絶版にするしかないと思いました。少し直したぐらいで解決するようなものではなかったのです。

おかしなことに、絶版にすると決めると、砂澤の生涯を新たに自分の言葉で書いてみたいと思うようになりました。さらに、もうひとつ本のテーマを思いつきました。ここに至って、ようやく自分の言葉で何か書いてみようという意欲が湧いてきたのです。

二〇〇四年の夏の終わりに砂澤に会った時、このことを伝えますと、砂澤は「あんたはもう二冊書きますよ」と言いました。テーマはだいたい私の考えていたことと同じでした。また心を読まれてしまったのかもしれません。

その後、二、三度砂澤に会いましたが、ほとんど話をする機会はありませんでした。最後に会ったのは、二〇〇五年の十月でした。この時も、話はできませんでした。それ以後、砂澤は大きな祭りのある時に伏見稲荷に来なくなってしまいました。

自著刊行

砂澤が亡くなったのは、二〇〇九年の九月でした。四年間砂澤と会うことがなかったのですが、電話は何度かしました。砂澤は、電話では相変わらずよくしゃべり、元気でした。

砂澤の死後、私は砂澤と約束した二冊の本を書かねばならないと思うようになりました。しかし、まだ分からないことが多く、例によってどう書いていいのかも分からず、時は過ぎてゆきました。

二〇一一年三月十一日、東日本大震災が起きました。さらに、二〇一四年には、定期的に仕事をしていた出版社の仕事が同社の事情でなくなってしまい、新たに仕事を探さねばならなくなりました。

私は、次の仕事を探しながら、収入の補いに本を出して印税を稼ぐことを思いつきました。

その時、砂澤と約束した二冊の本のことを思い出しました。

そのうちの一冊は、『霊能一代』を自分の言葉で書き直すことでしたので、その準備として、新たに関係者の話を聞くことにしました。

砂澤を最後まで面倒を見た人に会って話を聞いていた時、稲荷信仰と砂澤の霊能力の謎が解けたような気がし、予定を変更して、まずそのことを書くことにしました。そうして書き上げたのが、のちに洋泉社から刊行される『お稲荷さんと霊能者』のもとになった原稿でした。やっと、稲荷と砂澤について、一冊のまとまりのある分量の原稿が書けたのです。

私は、この原稿を出版してくれるところを探し始めました。しかし、世の中そう甘くはなく、原稿を本にしてくれる出版社は、なかなか見つかりませんでした。原稿を持ち込んでは断られるということが、一年半以上も続きました。断られるたびに出版を諦めかけましたが、伏見稲荷でおみくじを使ってお稲荷さんに聞くと、まだ他にあると言われ、また出版社を探すということを繰り返しました。お稲荷さんがまだあると言われなければ、早々に諦めていたにちがいありません。

しかし、ついに打つ手がなくなり、出版社を探すことを断念しかけました。その時、突然ある出版社を思い出しました。また断られるだろうと思いながら、その出版社にいる知人に連絡を入れました。知人は原稿を送ってくれと言いました。数か月後に、知人から出してもいいという返事が来た時は、信じられませんでした。

復刊決定

本は、二〇一七年の一月に、洋泉社から出ました。タイトルの『お稲荷さんと霊能者』は、知人がつけてくれました。同書は、私の予想をはるかに上回って売れました。すぐに増刷が決まったので、二重にびっくりしました。売れるとは思っていなかったのです。

予想外のことはそれだけではありませんでした。ある時、知人が「『霊能一代』がオンデマンドで売られている」と知らせてくれました。私は、久々に、この本のことを思い出しました。

オリジナル版を出してくれた出版社からの連絡は久しく絶えていましたので、この本の売れ行きはまったく知りませんでした。オンデマンド（簡易印刷による少部数出版）にしたということは、本が完売したか、ほとんど売れなかったので断裁《だんさい》したかのいずれかです。いずれにしても、本の在庫がない状態だったのに突然注文が来始めたので、オンデマンドで対応し始めたのでしょう。

出版社からは、オンデマンドにするという連絡も受けていませんでした。私はこの本を絶版にしようとかねてから考えていましたので、すぐさま連絡を取り、絶版にしてほしいと申し出ました。

絶版にした後、また予想外なことが起きました。ネット上で古本の『霊能一代』に高値が付き始めたのです。ネットをほとんど見ない私は、このことも知人の知らせで初めて知りました。またまた驚きました。『お稲荷さんと霊能者』を読んだ人たちが、同書で『霊能一代』のことを知り、手に入れようとし始めたようなのです。『霊能一代』は一時、八十万円の値がついたこともありました。今もかなりの高値《たかね》がついています。

変な現象が起きてしまったと思いながら、私はこの異変を他人事のように眺《なが》めていました。とても自分に関係のあることとは思えませんでした。八十万円といえば、私が『霊能一代』を最初に作ったときに得た仕事料（原稿料を含む）の五倍以上になります。一冊の古本の値段が、新刊千五百冊の仕事料をはるかに超えてしまったのです。

また、「復刊ドットコム」でも、多くの方々が『霊能一代』の復刊を希望されていることを、知人から知らされました。

その後、世界はコロナウイルス騒動に巻き込まれ、世の中は自粛ムードが続きました。その間に『お稲荷さんと霊能者』は、ある事情で文庫（河出文庫）になりました。『霊能一代』の古本も、相変わらず高値を保持したままでした。

そして、二〇二三年に、『霊能一代』を復刊しないかという申し出を受けました。これも青《せい》天《てん》の霹靂《へきれき》でした。しかし、間違いが多くて絶版にした本ですから、そのままの形で復刊することはできません。どうしたものかと迷っていると、その欠陥を補うさまざまなアイディアを出してくれました。

出版界では、毎月、次々と新刊本が出版されます。これらの出版物の大半は、半分も売れずに返品されて在庫となり、断裁されて消えてゆきます。そして、そのほとんどは二度と日の目を見ることはありません。これが現在の出版界のリアルな実状です。

そういった状況の中で、二十年も前に書かれ、少部数刷られただけでまったく話題になることもなく世の中から消えてしまった本が、突然話題になり、さらに復刊されることになったのは、珍しいことです。

『霊能一代』が辿《たど》った道は、予期せぬことの連続でした。私自身、なぜこんなことが起きるのかと呆れながら、ただ眺めているだけでした。私の意志などおかまいなしに、事態が動いてしまうのです。その意味で、この本の軌跡はそれ自体、一種の霊験譚《れいげんたん》といえるのかもしれません。

人の運命は分からないものですが、本の運命もまた分からないものだとつくづく思いました。多くの方々が、本書の復刊を後押ししてくださったことに感謝いたします。

内藤憲吾

増補改訂版・霊能一代——目次

第一部　神様に導かれて歩んだ道

第二部　信者さんたちとともに歩んだ道

〈本書の構成内容〉

＊オリジナルの箇所（はじめに、第一部、第二部、おわりに）

語り手　砂澤たまゑ

取材・構成・執筆　内藤憲吾

＊復刊にあたって増補した箇所（増補改訂版まえがき、増補改訂版『霊能一代』の註、【追記】最晩年の砂澤、増補改訂版のあとがきに代えて）

執筆　内藤憲吾

表紙・本扉写真＝稲荷山の赤鳥居と石段（撮影・永野一晃）

増補改訂版・霊能一代

はじめに

私の人生は稲荷大神様《いなりおおがみさま》によって導かれた、一筋の道を歩んできたような不思議な人生でした。また私の歩んだ道は、私の生き方を信じてついてこられた信者の皆さまが歩まれ、さまざまな不思議と奇跡を体験された信仰の道でもありました。

私は七十歳を過ぎたころから、体調にも異変を感じることが多くなりました。そのせいでしょうか、私や信者さんたちが身をもって体験した稲荷大神様の御神徳《ごしんとく》と、私が修行中にいただきました御神示《ごしじ》を残しておきたいと思うようになりました。

しかし、さまざまな事情から進展せず、八十歳を過ぎてようやく実現のはこびとなりました。

私とともに歩まれた信者さんたちは、大神様のたびかさなる不思議な霊力とおかげをいただきまして、今日にいたりました。

字数の制約もあり、おかげを受けられた信者さんすべての体験を記すわけにはまいりませんでしたが、そのいくつかを私の体験とともに残すことができました。

このささやかな小冊子によって、少しでも大神様と信仰について理解を深めていただければ、これにまさる喜びはありません。

第一部　神様に導かれて歩んだ道

一　不思議な声が聞こえてきた

　私は大正十一年（一九二二）一月三日に、兵庫県北部の養父《やぶ》郡大蔵《おおくら》村寺谷《てらだに》（現、朝来《あさご》市和田山《わだやま》町寺谷）で生まれました。(1) 戸数三十ほどの小さな村でした。本当は一月一日に生まれたのですが、元旦ではあまりにもめでたすぎ強すぎるというので、戸籍上の届けは三日になりました。

　このように、私は十一年一月一日と、すべて一のつく日に生まれました。そのせいか、何でも一番にならなくてはすまない性格になってしまったようです。

　父はお寺の鐘を造る鋳物師《いものし》でした。母は鳥取にあったお稲荷《いなり》さんとお不動《ふどう》さんを祀《まつ》る教会の娘でした。二人はそれぞれ長男長女でしたので、当時この組み合わせの結婚は許されなかったのですが、その規則を押し切っての決断だったそうです。(2) そして私が生まれ、その直後に家を買って和田山に移り住みました。(3)

　ところで、私の人生の最初の大事件といえば、九死に一生を得たことです。それは三歳のときでした。

私はこれまでに何度も死にかかったことがあるのですが、これはその最初の出来事でした。もちろん三歳のときですから、私自身は記憶などまったくありませんが、私を助けてくださったお医者様が、通っていた大蔵小学校（当時は尋常《じんじょう》小学校）の定期検診のときに、私の顔を見るたびによくその話をしてくださいましたので、鮮明な記憶となって残っているのです。お医者様は町医者でしたが、学校の校医もしておられたのです。

三歳のころ、弟ができましたので、[4]私は子守のおばさんをつけられました。むかしは床几《しょうぎ》という腰をかける幅広の台を使っていました。事故のあった日、子守のおばさんは、その床几に座布団《ざぶとん》を敷いて私を座らせていました。私はむかしから変わったところがあり、座布団を敷かないと座らないという癖がありました。それで床几でもわざわざ座布団を敷いて座らされていたのです。

ところが、おばさんがちょっと目を離しているすきに、私はなにかの拍子に床几からストンと転げ落ちてしまったのです。落ちた瞬間、頭を強打しましたが、少し泣いただけで痛がりはしませんでしたので、周《まわ》りのものはたいして気にしなかったといいます。

しかし、しばらくして打った個所がぶくぶくに腫《は》れ始め、激しい痛みをともなった高熱に見舞われたのです。驚いた親はあわてて私を病院へ連れて行きましたが、額の下がひどく内出血しており、危ないと言われて動転してしまいました。

お医者様は、「助かる見込みはあまりないが、一か八かともかく手術をして血を出さなければならない」と言われ、額の下を切開手術されました。男の子なら眉間《みけん》は切れないが、女の子だから切ることにされたのだそうです。

額にメスを入れて、逆さにぶら下げて振ると、血膿《ちうみ》が大量に出たそうです。ずいぶんと荒療治ですが、当時は輸血といっても、すぐに血液が用意できるわけではありませんでしたし、どうやったのか不思議なくらいです[5]。

そしてなぜか助かってしまったのです。奇跡的だと言われました。今も眉間にその傷が三つ残っています。

これには親はもとよりお医者様もびっくりされたそうです。「一度死んだのだから、生きているのが不思議だ」と言われました。長じてから、「私の血はそのとき一度入れ替わってしまい、神様の血が入ってしまったのだ」と冗談を言っています。

また、七歳のときにも大きな病気をして、高熱を発し、危篤《きとく》状態に陥ったとも聞いています。ちょうど厄年《やくどし》でした。このときも助かってしまいました。

このころから、私には変なことが起こり始めました。ほかの人が分からないことが分かったり、どこからか不思議な声が聞こえてくるようになったのです。しかも、それがすべて本当のことなのです。

しかし、最初から、私は自分の中に起こったその異変を自覚していたわけではありませんでした。素朴に、自分は周りにいる子どもたちと同じだ、普通の子だと思っていました。

ところが、周りの人たちが、私の言うことを聞いて、「この子は変だ。おかしい」と言い始めたのです。最初はピンときませんでしたが、あまりにも周りの人たちが変な顔をしたり不思議がるので、ようやく自分はほかの人とはどことなく違っているのかなと思うようになりました。

ほかの人には分からないことが私には分かるということでは、例えばこんなことがありました。当時、農家はどこでも牛を飼っていました。その農家の人たちが、毎日のように私の家の前を通って、近くの川に牛を洗いに連れて行きました。私の家は村の出口にあり、その側《そば》を大きな川が流れていたからです。

私は家の前を通って行く牛を見かけると、その牛が子どもを孕《はら》んでいることや、生まれてくる子牛が雄《おす》か雌《めす》かが分かりました。それを持ち主に言ってみても、最初のころは誰も信じてくれませんでした。「何かまた変なことを言ってるぜ」と言って、相手にもしてもらえませんでした。ところが、実際に牛が子を生んでみるとピタリと当たっているので、しだいに周りの人が不思議がるようになりました。

そして、「この子は変な子やな」と皆さん感心するようになりましたが、私は「そんなことが分からないあんたらの方がおかしいんや」と言い返していました。こんなことは誰でも分かると思っていたからです。

また、ほかの人の財布の中味を一銭も違わずに当てるので、びっくりされたこともよくありました。例えば、あるおじさんに、「おじさん、千円持って出て、さっきパチンコで負けて、タバコ買ったから、今二十円しか持ってないやろ」と言いますと、相手の方は、「そんなことないやろ」と怪訝《けげん》な顔をして、財布の中を調べられます。すると、まさにその通りなので、「どうしてそんなことが分かるんや」と大騒ぎになったりしました。[6]

バクチで負けてきた人の有り金を当てて、「嫁さんにばらされたら、えらいめにあうから黙っておいてくれ」と、大の大人に懇願されたこともありました。

私自身もどうしてこんなことが分かるのか、不思議でなりませんでした。

そんなこととともに、どこからか不思議な声も聞こえてくるようになりました。

小学校に入ってからのことです。私は近所の乳飲《ちの》み子を背負って学校に通っていました。この子は私の乳姉妹《ちきょうだい》でした。その子の母親が離婚して実家に帰ってしまったので、彼女のお父さんが、乳の出のよかった私の母のところに乳をもらいにやって来られたのでした。このころは粉ミルクなんてありませんから、母乳が必要だったのです。

それを見ていて私はかわいそうになり、その子の面倒を見ることを引き受け、学校におんぶして通うようになりました。当時はまだ、そんなことが大目にみられるほど学校もおおらかなところがありましたが、さすがに赤ん坊ですから泣いたりしてうるさいので、教室には入れてもらえませんでした。

ではどうしていたのかというと、教科書を持って、廊下に立って勉強するのです。教室のドアは閉まっていますから、中の声は聞こえてきません。ところが、私には、聞こえるはずのない先生の声が、すべて聞こえてくるのでした。そのために、勉強をするにはなんら差し障《さわ》りはありませんでした。

私が子どものころは、今とはちがい、もっと寒くて、たくさん雪が降りました。子どもの腰より上まで雪が積もるなんてことはよくありました。

私は雪の降り積もった朝も、赤ん坊を背負って学校に通いました。当時はまだ着物を着ていました。着物姿でわら沓《ぐつ》をはき、両手にはわら束《たば》を抱えていました。寒いので途中でわらを燃やして暖をとらないと、とてもではないが歩けなかったからです。腰から下が雪に埋もれているときなどは、なかなか前に進めません。一歩進むだけでも大変で、学校にたどり着くまでには大変な時間がかかり、汗びっしょりになりました。

この子は大きくなってから福知山《ふくちやま》（現、京都府福知山市）の薬研所《やげんじょ》（薬剤の製品化や卸しを業とする）に嫁ぎましたが、残念なことに昨年亡くなりました。晩年は体調を悪くして長くふせっていました。それでも、子どものころをなつかしがって、ときどき電話をしてきました。いつか私が買ってあげたブローチを、肌身離さずに枕元に持っていて、いつも私のことを思い出していると話してくれたことがあります。

学校では私の周りでおかしなことがたくさん起こりました。一年生か二年生のときだったと思います。県下の学事視察のために県視学《けんしがく》という偉い人がおみえになったことがありました。その方は、先生や生徒を前にして、いろいろな話や質問をされました。

ところが、先生が質問に答えられないで立ち往生されたときに、外に立っていた私がすべて答えてしまったので、大騒ぎになったことがありました。なぜだか私には、答えが分かってしまうのでした。それで面白がって答えていたにすぎないのです。県視学の方は呆《あき》れてしまわれました。

こういったことは、いま考えてみると、すでに私に神様がついておられて、すべて神様がなさっていたのだと思います。ですが、私にはその自覚がありませんでした。

小さいころからお稲荷様は生き神様と聞かされていましたが、子どものころは、神様なんて見たことがないので、本当かなと思っていました。しかし、それが自分の身に実際に起こるようになってみると、とてもとまどいました。いったい何事が起こっているのかわけが分かりませんでしたが、現実には、不思議な声がいつも聞こえてくるのでした。

神様は学校の外でもいろいろなことを教えてくださいました。

私は一風変わったところがあり、親に叱《しか》られると、観音様をお祀りしてある山に行くか、お宮さんに行くか、お堂で寝ているかしていました。

あるとき、観音様をお祀りしてある近所の山のお堂で眠ってしまったことがありました。気がつくと日が暮れています。それでまた眠ってしまいました。普通の子どもなら怖がるのでしょうが、私は不思議と平気でした。

夜になって、私がいないことが分かると、村では大騒ぎになったそうです。男の方が全員たいまつを持って、近所を探して回られましたが見つかりませんでした。そこで、私がよくここに来ていたことを思い出して探しに来られると、お堂の中では私がくったくなく、すやすやと眠っていたそうです。

村にはお宮さんがあり、その境内には、必ず小さなお稲荷さんがお祀りしてありましたが、私がその祠《ほこら》の前にいると、カタコトと音がすることがありました。また神様が来られたと思っていますと、予想どおり神様の声が聞こえてきます。

神様は私に「紙を持ってきなさい」と言われます。私が「何をするのですか」と訊《き》きますと、「紙を四つに折って、これで紙垂《しで》を作るのだ」と言って、紙垂の作り方を教えてくださるのです。

そして、一通り教え終わると、「これで今日の勉強はおしまい」と言って帰って行かれるのでした。神様って便利なものだなと思いましたが、最初のころは怖くてなりませんでした。でも慣れてしまうと、不思議でしかたがありませんでした。

ときには、来られると肩をポンとたたかれたりしました。でも、振り返ってみても姿かたちは見えません。私はどこから来られるのかと思い、祠をたたいてみるのですが、何も返事が返ってきませんでした。

こういった不思議なことは、子どものころたくさん経験しました。実におかしなことばかりが起こる少女時代でした。

二　信仰心の芽生え

私は幼いころから信仰心の篤《あつ》い子どもでした。

その信仰心は、神様や父母によって自然と育《はぐく》まれました。私の母は教会の娘でしたから、信心深い人でした。そして父もまた、母に劣らぬくらい信仰心の篤い人でした。

父は私が物心ついたころから、月を拝《おが》み、星を拝むことを教えてくれました。悲しいときも苦しいときも、自然を崇拝し、神様に手を合わせて感謝することを教えてくれました。

私の心には、いつしか空も草も雨も、みな神様のお与えになったものだという気持ちが芽生え、それが稲荷大神様《おおがみさま》の信仰につながっていったように思います。

父の実家は大阪でしたが、この家はお稲荷さんを信仰しており、伏見稲荷にもかかさず参っていたそうです。そのせいか、父もまたお稲荷さんを信仰し、よく伏見さんへお参りしておりました。

私が最初に伏見稲荷へお参りしたのは七歳のときでした。二月の初午祭《はつうまさい》のとき、父が連れて行ってくれました。今でもはっきりと覚えています。それからときどき父に連れられて参るようになりました。

父は厳格な人でしたが、人に親切で、よく人助けをしていました。私が子どものころには、橋の下に浮浪者がいましたが、父は暮れや正月などに、こういった人たちを家に呼んでふるまいをしていました。

そういった親の影響なのかどうかは分かりませんが、私は小さいころから人助けをするのが無性《むしょう》に好きでした。困っている人を見ると助けたくなり、そうすることがとてもうれしかったのです。それは生涯変わりませんでした。

私は、小学校の一年生のころから、頼まれもしないのに、毎日のように隣り近所数軒のお手伝いをこっそりとしていました。学校から帰ると、近所の農家にまぐさという牛の食べ物を作りに行ったり、風呂をわかしてあげたりして帰ってくるのでした。子守りもよくしました。

そんな私を見て、皆さん不思議な子だと言われました。でも私は、よその家の手伝いがしたくてたまらなかったのです。それで、どこに行ってもかわいがられました。そのせいか、お正月になると、よその家からお礼にとお小遣《こづか》いや着物が届きました。

小学校時代に、私がおんぶして学校に通った子どものおばあさんは、ごんべ（強情な人）でした。両親の離婚の原因も、このおばあさんにあったといいます。あるとき、そのおばあさんは、ごんべが祟《たた》ったのか、足を切ってしまいました。そんな人ですから、見て見ぬふりをしておればよかったのですが、それでも動けないのが可哀想《かわいそう》だからと、子どものくせに助けてあげたことがありました。

また、肺を病《や》んで自宅の裏小屋の二階で寝ている子に、そっと食べ物を持って行ってあげたこともありました。

そんな私の噂《うわさ》を耳にされたのでしょうか。和田山町竹田の久留引《くるびき》というところから、ある方がおみえになりました。そして、私に助けて欲しいから、秋だけでも手伝いに出してくれないかと父に懇請《こんせい》されたのです。

その家は、子どもさんが五人あったうえに、母親が病弱で寝込んでおられましたから、手が足りなくて困っておられたのです。そうは言われても、私の家は経済的に困っていたわけではありませんから、父は渋っていました。しかし、私が行くと言いだしたので、出すことに決めたようです。もちろん、その方の困窮《こんきゅう》を見て心を動かされたこともあったのでしょう。それは私が小学校五年生のときでした。

私はその家で、お母さんを看病するかたわら、子守りをしたり、家事を手伝ったりしました。

百姓の手伝いもしました。冬になれば山に柴を刈りに行き、束ねて背負って帰り、夜は蚕《かいこ》の網を編みました。米つきもしました。手にひどいあかぎれができて痛かったことをいまでも思い出します。〝昭和の二宮金次郎〟みたいと言われました。

私はこうしたことが苦にならず、自分から進んでやっていました。何でも覚えたくてしかたがありませんでした。ところが、そんな私の働きぶりを見ていた隣の人が、私が無理やり酷使されていると誤解してしまわれたのです。「どうしてそんなに働いているの？　いじめられているんじゃないの」とまで言われました。

隣の人が、そう思われたのも無理はありませんでした。さきほども触れたように、その家のお姑《しゅうとめ》さん、すなわちおばあさんは、とても厳しい人で、近所でも評判だったからです。なんでもお武家さんの出だということで、しつけに厳しく、家の中の整理整頓はもとより、塵《ちり》ひとつ落ちていても許さないという人でした。マッチ棒の先に綿をつけたもので障子の桟《さん》を隅々まで拭《ふ》き取り、少しでも汚れがつくと掃除をさせるといったすごい人でした。

私はその人のもとで文句も言わずに耐えていたのですが、さすがに近所の人がそれを見かねて、私の父にそろそろ迎えに行ってやりなさいと、忠告に行ってくださいました。すると父は、「自分から好きで出て行ったのだから、自分から帰ってきたら家に入れてやる」と言って突っぱね、「それぐらい厳しいところで我慢できたら、いい嫁さんになれるだろう」と付け加えたそうです。

結果として、この勤めが私の我慢強さを養《やしな》ったようです。あとで役に立ちました。

こうして気がついてみると、秋だけという約束だったのに、小学校を卒業する齢《とし》（十二歳）までいてしまいました。それで、五年生の秋から六年生の終わりまでは、竹田の小学校に通っていました。しかし、もともといた大蔵小学校の同級生とは仲が良く、私自身は大蔵小学校の卒業生だと思っていますし、今もクラス会に出ています。

久留引の家の皆さんとは、その後もおつきあいがあります。お母さんが亡くなったときは、形見《かたみ》分けを娘さんたちが持って来てくださいましたし、娘さんの結婚式にも招かれました。

父はこのように厳しくはありましたが、反面優しい人で、子どもをよくかわいがりました。いろいろなことを教えてくれました。和田山の芸者さんのいるところへ連れて行ってもらったこともありましたが、だからといって遊び人だったわけではありません。

一方、母はといいますと、信仰心の篤い人でしたから、神様についてたくさんのことを教えてくれました。

私は生まれたときから、ほったらかしで育てられました。すぐ下に弟や妹ができたということもありましたが、なにしろ神様の言うことしか聞かないものですから、母もこの子は神様に取られてしまったと早くから諦《あきら》めていたからでしょう。

母は私が幼いころから、ほかの子どもとは違うことに気づいていました。教会の娘でしたので、神様のことはよく知っていました。私がほかの子と違うのは、神様がついておられるからだと分かっていたにちがいありません。

そのせいか、私には厳しく当たることもありました。寒中に水の中に放り込まれたこともありました。母は、「神さんの子なら、これくらいのことでは死なないはずだ」と言っていました。

私は予知能力があったり、変な声が聞こえてきたりする変わった子どもではありましたが、そういったことを別にすれば、負けず嫌いで元気のいい子どもでした。

夏などは、村の近くを流れている円山《まるやま》川で毎日のように泳いでおり、いつも真っ黒でした。また、勝ち気なだけに、先生や男の子をやりこめることなど日常茶飯事《さはんじ》でした。大蔵小学校では、たくさんケンカもしました。女の子を泣かせた男の子が許せなくて、ぶんなぐりにいったことも何度となくありました。同窓会に出ると、よくこのことが話題に出て、なぐった相手から冷やかされ、なつかしがられます。

いまでは同級生たちも齢をとりましたが、皆さん私のところに参って来てくださいます。なかには杖《つえ》をついて来られる方もありますし、夫婦連れでみえる方もあります。またお孫さんを連れて来られる方もあります。

私は何でもすぐにまねてしまい、またそれが上手《うま》いという変な特技も持ち合わせていました。あるとき漫才師の砂川捨丸《すながわすてまる》師匠が、相方の中村春代《はるよ》さんとともに、学校にやって来られたことがありました。芸を披露してくださいました。

ところが、私がその芸をまねてはしゃいだものですから、師匠に気に入られてしまったのです。そして、この子を連れて行きたいと言い出されました。しかし、さすがにこの申し出には、父も断りを入れたようです。

私はよく男の子をやりこめたのに、どういうわけか男の子には人気がありました。あるとき、学校の下駄箱《げたばこ》を開けてみると、手紙が入っていました。差出人は上級生でした。何のことだかよく分からないので、私は先生のところにその手紙を持って行きました。すると後日、その子が廊下に立たされていました。それはどうもラブレターだったらしいのですが、私にはその意味がよく分かっていなかったのでした。

こういった楽しい思い出もたくさんありました。しかし、いまにしてみれば、すべてお稲荷さんがしておられたのかなと思います。

私は長じて本格的な修行と信仰の道に入ってゆきますが、考えてみればすでに幼いころから行《ぎょう》は始まっていたのかもしれません。赤ん坊を背負って雪道を学校に通ったことや、近所の手伝いなどでもお分かりのように、毎日毎日が行のようなものでした。きっと神様が、直接私に修行をさせておられたのでしょう。

こうして私の不思議な少女時代は過ぎてゆきました。

三　霊能者だった祖母

父母のことをお話ししましたので、祖母の話もしておかねばなりません。と申しますのも、この祖母は私の人生に深い影響を与えているからです。

祖母は鳥取県の岩美《いわみ》郡岡益《おかます》（現、鳥取市国府町《こくふちょう》岡益）で教会を開いていました。名前はそのといいました。幼いころから母に祖母の話をよく聞かされました。

私の母方の姓は、尾下《おした》といいます。かつて名古屋のお城の下にいたので、こういう姓になったといいます。それがどうして、鳥取のほうへ移ったのか詳しいことは知りません。

祖母は十八歳で目が見えなくなり、お稲荷さんとお不動さんを信仰しながら行を積み、大きな教会を開きました。信者さんは千人を超えていたそうです。

むかしは女には分家《ぶんけ》は許されなかったのですが、祖母の場合は、目が不自由な身でありながら教会を開いたということで、祖母の母がつくことを条件に特別に分家が許されたといいます。

ちなみに祖母は一生独身でした。

私の母は鳥取市賀露町《かろちょう》の生まれでしたが、生後三日目に生みの母親が亡くなり、祖母のもとへ養女としてもらわれてきました。ですから、母と祖母は血のつながりはありません。私と祖母も義理の関係になります。母が養女になってから、祖母と祖母の母、そして私の母という女三人の生活が始まりました。

祖母は大正七年（一九一八）の二月二十四日に亡くなりました。そのとき、母は十七歳でした。亡くなったのは行をしていたお滝場《たきば》でした。倒れているのを軍事演習に来た兵隊さんが発見したそうです。不思議なことに、目が見えなかったにもかかわらず、お滝場には「神様がお迎えに来られたので逝《い》きます」という一文をしたためた紙片が残されていたそうです。

母は子どものころ、祖母を見ていて不思議でならなかったといいます。

例えば、あるとき、祖母が使いで出かけるので、留守番をするようにと母に言いつけたことがあったそうです。そのとき「今日は黄色い柄《がら》のついた紫の着物を着た三十か四十ぐらいの女の人が、腹痛の男の子を連れて訪ねて来るから、こうこう言ってやってくれ」と指示を残して出て行ったといいます。

すると、祖母が言ったのとまったく同じ柄の着物を着た女の人が、腹痛の男の子を連れて訪ねて来たそうです。目が不自由なのに、どうして着物の柄まで見えるのか、不思議で仕方がなかったそうです。

母は「お稲荷さんやお不動さんはなんでもよく御存知《ごぞんじ》だ、怖いぐらいだ」と言いながら、私が幼いころよくこんな話をしてくれました。

教会にはときどき白衣《はくい》を着た立派な和尚様《おしょうさま》が訪ねて来られたそうです。それは岡益にある長通寺《ちょうつうじ》というお寺の住職様でした。長通寺は曹洞宗《そうとうしゅう》の由緒ある立派なお寺で、安徳《あんとく》天皇の位《い》牌《はい》も祀られています。

その和尚様は、母を見かけると、白い着物の袖からコンペイトウを取り出して、よく母にくださったそうです。そのときいつも祖母のことをおほめになり、「信心深いいいおばあさんだね。義理にしても誰かあとを継ぐようになるよ」と言われたそうです。その言葉は予言のようになり、後日、私の身の上に実現します。

祖母は、いまその長通寺に眠っています。

祖母は多くの信者さんをかかえていました。しかし、目が不自由でしたので、信者さんがお金を借りに来て証文も書かずに借りて帰り、そのままになってしまうこともよくあったそうです。祖母はそのことに対して何も言わず、いつも忘れてしまったようでした。

祖母は、晩年、あとを継ぐものがいなかったので、教会を閉じてすべてのものを処分し、兵庫県城崎《きのさき》郡豊岡町《とよおかちょう》（現、豊岡市）の親戚に身を寄せていました。豊岡では五十銭硬貨をたくさん入れた大きな袋を頭に乗せて、いつも銭湯に行っていたそうです。五十銭硬貨といえば当時は大金でした。

ところが、祖母が亡くなってみると、そのお金はそっくりなくなっていました。また、教会を閉じたときにも、何百円ものお金がなくなっていることが分かりました。そのうえ、長通寺では、祖母の立派な金《きん》の位牌が、訪ねてきた人によって持ち去られていたのでした。誰の仕業《しわざ》だったのか今も分かっていません。そこで祖母の次兄が疑われたりしたようです。のちになって、何百円かの行方《ゆくえ》だけは判明しました。このお金は、母の実家が船を造るために借りていたのでした。

母の実家は漁師をしていました。それで、借金をして船を造り、その船で漁に出てもうけて借金を返そうと考えていたところ、不幸なことに、能登半島の方へ漁に行ったときに、嵐にあってその船が沈んでしまったのです。船に乗っていた人も亡くなってしまいました。

母の実家は北本《きたもと》といいました。不思議なことに、私は四十歳を過ぎてから、母の次兄の子ども、つまり私のいとこに当たる人の三人の子どもの面倒を見るために、鳥取へ行くことになります。母は三人兄妹の末っ子で、次兄は養子に行き、砂澤《すなざわ》家を継いでいました。この砂澤家に入ることになるのです。

私は子どものころから、よく長通寺の祖母のお墓に参っていました。最近では、祖母の没後五十年に当たる七年前に、久しぶりに長通寺にお参りしました。(7) そのときに、まだ御存命《ごぞんめい》だった九十歳になられる寺総代《そうだい》の方から、祖母のことをいろいろとうかがう機会がありました。

総代さんのお話で分かったことですが、いまでも祖母の信者さんだった方たちがお盆やお彼《ひ》岸《がん》になると参って来られるそうです。なかには借金をして返していなかった人たちもおられ、助けてもらったことに感謝して、供養してくださいといって、お金を置いていかれるそうです。それは祖母が亡くなってからも途切《とぎ》れることなく続いているということです。

また、このとき、祖母の永代《えいたい》供養として、供養料四十七円が収められていることを知りました。むかしの四十七円といえば大金でした。

位牌は持ち去られていましたが、墓地は誰も触れていないので、手つかずのまま残されていることも分かりました。お寺では、どう利用されてもかまわないとおっしゃってくださいましたが、私もあとを継ぐものがいませんので、のちにそこに観音堂を建てさせていただくことにしました。

お堂の中に入れる観音様のお顔は、私の写真を見て彫っていただきました。石屋さんが手彫りにされたので、完成までに一年かかりました。お寺のほうではやきもきされ、まだかまだかの催促でした。

このとき使用した写真は、むかし私が奈良県の壺坂寺《つぼさかでら》で、インドから来た大きな観音様の開《かい》眼《げん》式に招かれ、お正念入《しょうねんい》れの一筆を置いているところを撮ったものでした。昭和五十八年（一九八三）三月のことでした。

どうして壺坂寺の開眼式に招かれたのかと言いますと、お寺の大観音像建立《こんりゅう》にあたって多額の寄付をしたからです。そのためにいまでも何かあるたびに挨拶状《あいさつじょう》がきます。

壺坂寺は奈良県高市《たかいち》郡高取町《たかとりちょう》にあるお寺で、目の病《やまい》に効《き》くお寺としてむかしから有名です。ここには盲人専用の施設もあります。私は寄付をした関係で、この施設に入る資格を与えられています。私も最近は目が悪いものですから、一人でもありますし、なにかあればここに入ろうかと考えないでもありません。

それはともかく、私が造っていただいたこの観音様は、神様が「豊珠観世音菩薩《ほうじゅかんぜおんぼさつ》」と名づけてくださいました。豊かな玉のような丸い丸い心で一生を送ったからだと、神様はおっしゃいました。

観音堂には、この観音様を入れて、祖母を供養しています。私は実の子どもがいませんので、死んだらここに入ることになっています。これで仏様になるところは決まりました。

私と一緒に長通寺に参られた信者さんのお一人は、この観音堂の観音様をごらんになって、私にそっくりのお顔だとおっしゃいました。

このように、祖母の生涯は、私との関係も含めて不思議なものでした。

どうも私の家系は、一代おきに霊能者が出るようです。

祖母は盲目でしたから、誰かが付き添わなくては外出もままならぬ身で、常に杖をついて歩いておりました。しかし、物は見えなくても、神様がついておられたので御神示《ごしじ》によりすべてが分かったのでした。神様は千里《せんり》先でもお見通しになります。

目は見えなくても、心の目は見える。それが信仰というものなのです。人間は、目が開いていないと物が見えませんが、信仰が深まれば、祖母のように神様がついて代わりに見てくださるようになるのです。

四　大阪で働き始める

竹田小学校を卒業して、私は社会へ出ました。昭和十年（一九三五）のことでした。十三歳でした。当時、田舎では、上の学校へ進む人などほとんどいませんでしたので、就職するのは当たり前のことでした。

最初は地元の兵庫県朝来郡梁瀬町《やなせちょう》（現、朝来市）にあったグンゼ（当時は、郡是製絲株式会社）に入ろうとして試験を受けたのですが、蚕のサナギの臭いに耐えきれなくなって、試験を受けただけで止めてしまいました。

このころは、ともかく何でもやってみたい、いろんなことを覚えたいという気持ちでいっぱいでした。自転車に乗りたいばかりに、和田山で魚屋さんの手伝いに行ったこともありました。シイラを売りに行くと、二匹そっくり売り切れてしまい、魚屋の主人にびっくりされたこともありました。

私は、小学校を出る前から、大阪に出たい、夜学に入りたい、ミシンを踏みたいと一心に思うようになりました。そして、願いがかなって、大阪に出ることができました。

大阪では桜ノ宮駅（現、大阪環状線）近くの中野町（大阪市都島《みやこじま》区）にあったお医者さんの家に住み込みました。福知山におられた片岡さんという方の御紹介でした。ここの娘さんが嫁いでおられたのです。この家で子どもの世話などをしました。ここには二年ほどいました。そのあとは近くにアパートを借りて暮らしました(8)。

また、文化洋裁学院という洋裁の学校に入りました(9)。夜学でした。ここではミシンを習いました。洋裁ができるようになると、夜はミシンを踏みました。大丸デパートのエプロンを縫うと、一枚一銭になりました(10)。

当時は十銭あると映画を見て遊べました。桜ノ宮にも天満《てんま》（大阪市北区）にも映画館はたくさんあり、遊ぶところには不自由しませんでした。天六《てんろく》（同前）や梅田（同前）に出なくても十分でした。毛馬《けま》（大阪市都島区）のほうにもよく遊びに出かけました。

また、美松という喫茶店でアルバイトもしました。昼は看護婦の見習いとして働いたこともありました。給料は一日で一円弱でした。このように三つも四つものことを、同時にやらなければ食べていけませんでした。結局、大阪には五年ほどいました。

こうして、十七、八歳ぐらいまでは、夢中でいろんなことをしていました。何事にも一生懸命でした。その一方では、運命を変えたといっても過言ではないような出来事も起こりました。昭和十四年（一九三九）か十五年ごろでしたか、私と結婚したいと思っている人が現れたのです。しかし相手の人の気持ちが分かったのは、その人が出征してからのことでした。

その人が出征したのは昭和十五年のことでした。そのあとで、結婚しようと考えていたけれども、戦地に赴《おもむ》いたらどうなるか分からないので、ほかに相手ができたら結婚してもらってもかまわない、という手紙を受け取りました。それでようやく、そこまで考えてくれていたのかとびっくりしたのでした。

当時、私は若かったので、正直なところ、結婚などということは夢のような話で、ピンときませんでした。そのせいか相手の気持ちに気がつかなかったのです。

しかも、そのとき初めて、その人には親同士が決めた結婚相手がいることも分かりました。もちろんその人は、親の決めた相手とはまったく結婚する意志がなく、私との結婚を望んでおり、御両親も私を気に入ってくださったので、私との結婚を許す気になっておられたようでした。

結局、その手紙は遺書となってしまいました。その人は二度と日本の土を踏むことはありませんでした。

戦死の訃報《ふほう》が入ったのは戦後になってからのことでした。七夕《たなばた》の日でした。私は深い悲しみに襲われました。それまで、心の片隅で生きて帰って来てくれることを期待していたのでしょう。生きていく気力すら失ってしまいそうになりました。

その人の面影はその後も長く残り、私の心の中に生き続けました。そのせいか、終戦後もほかの人と結婚しようという気がなかなか起こりませんでした[11]。そして、信仰の道に精進《しょうじん》する決心を固めて、行にのめり込んでいきました。

訃報が入ってから、私はその人の実家を訪れ、お墓参りをする機会に恵まれました。その後、お母さんとは、彼女が亡くなるまでおつきあいをさせていただきました。二人でその人の在《あ》りし日のことをよくお話ししました。お母さんには実の娘さながらにかわいがっていただきました。また、不思議なことに、親同士が決めていた婚約者の女性とも仲よくなってしまいました。

私が伏見稲荷大社に初めてお参りしたのは七歳のときでしたが、その後もしばしば父に連れられてお参りをしておりました。そして、大阪にいたころ、昭和十四年（一九三九）に御神璽《おみたま》をわけていただいてお祀りするようになりました。

それからは常に神様と御一緒で、御神璽を抱えて各地を転々とするようになってしまいました。

特に印象に残っているのは、十七歳（昭和十四年）のときの初午祭です。と言いますのも、このときから私の運命が変わり始めたからです。

身の回りでは、以前にも増して不思議なことが次々と起こり始めました。思ったことが本当に起こってしまいますし、言ったことがすべて当たるのです。自分でも恐ろしいようなことがよく起こるようになりました。また、神様の御神示される言葉が聞こえてくるようになりました。

それまでは、自然を神様と思って感謝し、何事も神様のなさることだと率直に信じ、一生懸命に世の中を生きればいいのだと思っておりましたのに、それ以上のことが起こるようになってしまい、わが身が怖くなってきたのです。

そして、神様は私にすべてを捨てて神の道に入れとおっしゃるようになったのです。これは私にとって青天《せいてん》の霹靂《へきれき》でした。何が悲しくてそんなことをしなくてはならないのか、という気持ちでした。若い身空《みそら》でそんな決心などつくはずがありません。

楽しいこと、やりたいことは山のようにありました。それなのに、俗世の楽しみや希望をすべて捨てて神に仕《つか》える道に入るなんて、なかなかできるものではありません。本当に悩みました。

しかし、私の信仰の道への本格的な第一歩は、このころから始まっていたのかもしれません。

それからしばらくして父が亡くなりました。私が十九歳のとき（昭和十六年〔一九四一〕）でした。このことも、私には大変つらい出来事でした。

父を失った私の一家は生活が困窮しました。ドン底まで落ちてしまいました。そのために、私は死に物狂いで働くようになりました。まだまだ、いろんなことがしたくてたまらなかったのですが、そんな贅沢《ぜいたく》なことは言っておれなくなったのです。

同年、日本は戦争に突入しました。それからは、洋裁の技術を生かして、海軍の衣糧廠《いりょうしょう》でボタンつけなどの仕事をしました。軍服などを作っている授産所《じゅさんじょ》でミシンを踏む毎日でした。海軍の衣糧廠は兵庫県の姫路《ひめじ》市にあり、ここに部外指導員として勤めだしたのです。その関係で京都のほうにも教えに行きました。


婚約者(12)の出征や父の死、日本の戦争突入などといった不幸が重なったせいでしょうか、また悪くなる一方の世相に嫌気がさしたせいでしょうか、私はこのころ変になりました。今でいうところの一種のノイローゼだったのでしょう。

これは、お稲荷さんのことも原因のひとつでした。さきほど述べましたように、お稲荷さんの声はいつも聞こえておりましたが、私はそれが長い間イヤでした。なにしろ言われることはすべて本当で、ピタリピタリと当たるのですから、気味が悪くてしかたがありません。身辺には不思議なことばかり起こります。しかも神の道に入れといわれるのです。これではおかしくなって当たり前ではありませんか。

それでなくても、青春期といえば不安定で悩みも多い複雑な齢ごろです。なのにほかの人以上にいろいろな異常事態が重なってしまったのですから、死のうとまで思い詰めたとしても無理はありません。

こうして私は自殺を試みました。私は何回も死にかけたことがあると申しましたが、それは病気や事故だけが原因ではありませんでした。実は、戦後も含めて、自殺未遂《みすい》を三回起こしたことがあるのです。その最初がまさにこのころだったのです。

自殺未遂は睡眠薬によるものでした。当時カルモチンという鎮静催眠《ちんせいさいみん》薬があり、これを二十錠ほど飲みました。たちまち泡を噴いてひっくり返ってしまいました。しかし、すんでのところで発見されて、病院へかつぎ込まれ、助かってしまいました。それからは死のうとするたびに、なぜかいつも助かってしまうのです。

また、自殺以外でも死にかけたことがありました。父の死後、口寄せをしている人のところへ、あることを見てもらいに行ったときのことでした。口寄せの最中に、望んでいるもの(13)がなかなか出てこないのでイライラしていたら、どうなったのか分かりませんが、昏倒《こんとう》してしまったのです。

意識を失っていたとき、不思議な光景に出合いました。私は美しい河のほとりにたたずんでいました。向こう岸に渡ろうとして対岸を見ると、世界は光り輝いていました。対岸には美しい花が咲き乱れ、観音様と不動明王《みょうおう》様、それに弘法大師《こうぼうだいし》様が立っておられました。しかも、その傍《かたわ》らには、亡くなった父がいるではありませんか。父は、私に気づいて、こう申しました。
「ここは、まだ、お前の来るところではない。帰りなさい」。私が意識を取り戻したのは、その後のことでした。[14]

死にたくても自分の意志に反して助かってしまう。ほかの原因で死にかけても、いつも助かってしまう。こんな経験を何度もして、人間の寿命というのは決まっており、おいそれと変えられるものではないということを、身をもって悟《さと》りました。その人の定められた寿命が尽きるまでは、神様が死ぬことを許されないのです。寿命は神様がお与えになられたものであり、人はその時が来なければ死ねるものではないのです。

このようなことが続いて、後年、私はついにお稲荷さんから逃げることをあきらめてしまいました。私自身が来てくれと望んだわけでもないのに、神様は私を好かれてついてこられるのです。神様は決して離れようとはなさいませんでした。

このように、若いころの私は、それこそ信仰の道にでも入らなければ、おかしくなって精神病院に行くような状態でした。戦後、本格的に信仰の道に入っていくのは、変になりそうな自分に打ち勝つためでもあったのです。

五　満州からの奇跡的な生還

戦争に突入してから、日本の戦況はどんどん悪化してゆきました。世相はさらに暗澹《あんたん》たる様相を呈《てい》してきました。ちょうど昭和十九年（一九四四）になるかならぬかというころだったと思いますが、突然お稲荷さんはこんなことをおっしゃったのです。

「代《だい》よ、満州《まんしゅう》（中国東北部）に行こう。日本にいても悪くなるだけだし、神様はみんなおられなくて、日本は空《から》っぽだ。神風はもう吹かんよ。日本は、昭和二十年の八月十五日に戦争に負けるから、二十五日に帰ってこよう」

私はまたお稲荷さんが無茶を言われると思いました。それで、「そんな何も知らないところへどうしてまた行くのですか、どうやって行くのですか」と例によってダダをこねました。しかし、「その理由は、いまは言えない」とおっしゃいました。

ちなみに、私のような神様のお使いをするものを「お代《だい》」といいます。それで神様は私のことを「代」と呼ばれるのです。

不思議なことですが、それからすぐに、満州の工場で関東軍の軍属《ぐんぞく》を募集しているという広告が目に入りました。大変な応募者だったので、よもや受かるまいと思いながら受けてみると、受かってしまい、あれよ、あれよという間に、満州へ渡ることになってしまいました。

私は海軍衣糧廠を辞《や》め、合格者や軍人さんたちとともに、秘密部隊として極秘に日本を出ることが決まりました[15]。昭和十九年二月十一日のことで、二十一歳のときでした。大阪から下関までは列車で行き、そこから軍用船で朝鮮へ渡りました。御神璽を抱えての旅でした。

朝鮮に上陸してからは一路満州へと向かいましたが、真冬のことゆえ零下数十度にもなり、想像を絶する厳しい寒さでした。そのため、鉄路の旅はとてもつらく、数日間の座《すわ》りづめ状態が終わったときには、体内の水分がみんな足の方に下がってしまったのか、足がパンパンに腫れて、下車するときには靴がはけないありさまでした[16]。

配属先の工場がある満州の新京《しんきょう》（現、中華人民共和国吉林《きつりん》省長春《ちょうしゅん》市）に到着したのは、二月十四日でした。工場は新京の孟家屯《もうかとん》というところにありました。飛行場のあったところで、飛行部隊が駐屯していました。

私が配属されたのは、関東軍の秘密兵器であった気球爆弾[17]を造る気球部隊で、その工場で働きました。百部隊（関東軍軍馬防疫廠《ぐんばぼうえきしょう》）の隣にありました。気球爆弾とは直径六メートルぐらいの気球に爆弾をつけて、一万メートルぐらいの上空に揚げ、風に乗せてアメリカまで飛ばすというものでした。今にしてみれば馬鹿馬鹿しいほどの幼稚な発想ですが、これでアメリカを爆破しようと真剣に考えていたのですから、噴飯物《ふんぱんもの》でした。しかしアメリカまでは二回飛んできましたので、まったく成功しなかったというわけでもなかったのです[18]。

私はその工場で、洋裁の技術を買われて裁断部にいました。そこで気球用の落下傘の難しい形を裁断していました。仕事はきついものでしたが、ほかの人に比べるとまだましでした。ほかの人は本当に悲惨でした。こんにゃく糊《のり》を造っている人や、その糊を何度も和紙に重ね塗りしてビニール袋のようなものを造る仕事に回された人などは、過酷な重労働を強いられていたからです。

工場は街の中心から離れたところにありました。遊ぶところはなく、外出すらままならぬ生活でした。男性向けの遊びの店の前にいると、それだけで襲われるとすら言われていたぐらいでした。そのために、街に遊びにも出かけず、ひたすら労働に明け暮れる毎日でした。

軍隊というところは厳しいにもかかわらず、反面いいかげんなところもありました。気球が何度も爆発して工場を焼く騒ぎがありましたが、そのつどうやむやにされてしまったことなどは、そのいい例でした。

私たち女工は、軍人さんとは口も利《き》けない生活でした。またよく軍人さんたちからいやがらせを受けました。それはひどいものでした。

新京では、いたるところに死体がゴロゴロ転《ころ》がっていました。そんなところで軍事訓練などが行われているのです。門の前で訓練が行われているときなど、軍人さんたちが、女工さんたちの目をわざと死体の転がっている方へ向けさせるようないたずらをしました。女工さんたちがキャーといって叫ぶのを見て楽しんでいるのです。

あるとき、それに腹を立てていた私は、軍人さんに反抗して仕返しをしたことがありました。満州に行っても、私の負けず嫌いは健在でした。

新京は荒涼《こうりょう》とし、満州自体は悲惨なところでした。私は現地の人たちの厳しい生活の実態を見るために行かされたような気がします。

満州は貧富の差が極端なまでに激しいところでした。金持ちは車を乗り回し、お妾《めかけ》さんをたくさんこしらえて派手に暮らしていましたが、大多数の人々は生まれたときと死ぬときだけ身体《からだ》を拭いてもらえ、あとは一生に一度も風呂に入らないような生活でした。みんな垢《あか》と油にまみれて真っ黒でした。

食べ物にしても、ご飯は食べられず、雑穀《ざっこく》のおかゆを飯盒《はんごう》につめて工場に来ていました。服はたいがい夏用と冬用の二着しか持っておらず、着たきりスズメでした。

満州の冬は厳しい寒さでしたから、死体が腐ることはないので、死者が出ても郊外にそのままほったらかしにされていました。現地の男たちは結婚するために働きましたが、結婚すると奥さんに鉄輪をはめて家の中に繋《つな》ぎ止め、逃げ出さないようにしていました。代わりに家事も男がすべてやっていました。

こういう悲惨な生活が世界にはあることを知って、私は日本人の生活がどれほど贅沢なものであるかが分かりました。こういうことを知ることも、行のひとつであったように思います。満州へ行っても、私はお稲荷さんをお祀りしていましたが、拝んだりすることは軍隊ですから許されませんでした。満州にいる間は、お稲荷さんは比較的おとなしくしておられ、あれこれと言われませんでした。内地にいると爆弾（空襲）が飛んでくるので危険でしたが、満州ではそんなことはなく、一度B29が奉天《ほうてん》（現、遼寧《りょうねい》省瀋陽《しんよう》市）まで飛んできたくらいでした。ただ敗戦と同時にソ連軍が侵入してきましたので、ソ連機がどんどん飛んできてメチャクチャになったそうです。日本は高射砲を持っていましたが、弾《たま》もまったくない状態でしたので、応戦できず、ただ逃げまどうだけだったといいます。

私は日本が負けるのも、降伏の日も分かっておりましたが、その理由はお稲荷さんも秘密だといって教えてくださいませんでした。ただ、八月二十五日に内地《ないち》の土を踏むとだけは言われていました。

そして、神様のお言葉通り、日本は八月十五日に降伏しました。

私は、日本のために、満州でも人の二倍三倍と働いていました。それだけに敗戦がどれほど悔《くや》しい出来事だったかはご想像いただけることと思います。いままでの苦労はいったい何だったのかと悔し涙にくれました。

その私の気持ちが分かったのか、敗戦の報が入ってきたとき、上司だった方が、「日本が負けて一番悔しい思いをしているのは尾下君だろうな」とおっしゃってくださいました。それを聞いて私は、「そのお言葉だけで充分です、もう何もいりません」と申し上げました。

日本の敗戦の報が入ると、それを待ちかねたかのように、ソ連軍が雪崩《なだれ》を打って侵入してきました。ソ連軍に連行される人も多く、命を落とした人も多数出ましたが、私はすでに十二日に新京を逃げ出していましたので、なんとか危険を免《まぬが》れました。

新京から軍用列車で、北朝鮮との国境近くの通化《つうか》（現、吉林省通化市）まで行きました。私は御神璽を抱え、軍の機密書類を隠し持っていました。列車の中では、乾《かん》パンなどの食料はたくさんありましたので餓《う》えることはありませんでしたが、水が少なくて苦労しました。梅干しが二個あったので、それをしゃぶりながらのどの渇《かわ》きを癒《いや》しました。

敗戦の日、私は通化にいました。ここで秘匿《ひとく》していた機密書類を、一枚を残してすべて焼却しました。こうして私の場合は奇跡的に助かったのでした。

通化からは、馬を運ぶための貨車に乗って釜山《プサン》（現、大韓民国釜山広域市）まで行きました。朝鮮出身の軍人さんと二人で乗りあわせました。ときどき馬が頭を出す隙間《すきま》から、顔を出しては辺《あた》りの様子をうかがいました。

貨車で朝鮮半島を南下しているとき、朝鮮は独立したばかりでしたので、停車駅ごとにいたるところで青竜刀《せいりゅうとう》をさげて武装した朝鮮兵を見かけました。それはすごいものでした。よく連行されず、危害も加えられなかったものだと思います。

日本が負けたものですから、もう日本のお金は持っていても使えませんでした。私はたくさんの日本円を持っていましたが、リンゴひとつ買えず、道中飲まず食わずで過ごしました。

八月二十四日に釜山に着きました。ここで、日本の船は二十五日をもって全船渡航を禁ず、というマッカーサー元帥の命令が出ていることを知りました。[19] さあ日本に帰ることができなくなってしまった、と暗澹たる気持ちになりました。運も尽きたかと思いました。

ところが、奇跡的に、その夜日本へ向かう船が一隻だけ残っていることが分かりました。[20] 引き揚げ船ではなく、民間の船でした。

港をうろうろしていると、和田山か梁瀬の人はおらんかと軍人さんが叫んでいました。その人は清水中尉と言われました。私が申し出ると、自分の代わりに船に乗り込めと言われました。私の身代わりになってくださったのでした。[21]

幸運にもその船に乗り込むことができた私は、夜間、釜山を出港しました。海路には機雷《きらい》がたくさん浮かんでいました。よく爆発しなかったものです。かろうじて山口県の東萩《ひがしはぎ》（現、山口県萩市）に上陸できたときは、[22]安堵《あんど》の胸をなでおろしました。帰れたこと自体が奇跡でした。東萩にはまだ暁《あかつき》部隊（陸軍船舶司令部）が駐屯《ちゅうとん》していました。

こうして私は、神様がおっしゃったように、ピッタリと八月二十五日に日本へ帰って来ることができたのでした。不思議なことばかりでした。

東萩ではお寺[23]に泊めていただきました。ここで二週間、取り調べなどで拘留《こうりゅう》されました。取り調べが終わると、屋根無しの貨物列車に乗り、真っ黒になって和田山に辿《たど》り着きました。まさに、着の身着のままで命だけは持って帰ってきたのでした。

帰ってみると、私の戦死の訃報が出ていることを知りびっくりしました。しかも、悲しいことに、弟の訃報も出ており、役場に預けてあった遺髪《いはつ》がすでにもどっていたのです。[24]

実は、弟も満州におりました。しかし、長らく行方《ゆくえ》が分かりませんでした。ソ連に連行されたのだろうと言う人もいます。弟は独学で上の学校に行きました。語学ができましたので、その能力を買われて、関東軍で重宝《ちょうほう》がられていたそうです。

弟の戦死の公報が入ったのは、戦後も十年たってからのことでした。部隊長だった方が生きて還《かえ》って来ておられることが分かり、その方の証言で戦死が確定したのです。弟は斥候《せっこう》に出たまま帰って来なかったのだそうです。しかし、最後の姿を見たものは誰もいません。

なお釜山で私の身代わりになってくださった清水中尉は、戦後無事に日本に帰って来られました。その後の人生は、山東町《さんとうちょう》（現、兵庫県朝来市）で送られたとのことです。

六　本格的な行の生活に入る

和田山に帰ってきたとき、私は二十三歳になっていました。父親はすでにいませんでしたし、働かなくてはなりませんでした。しかし、戦後のことですから、勤めたくても勤めるところがありませんでした。

帰ってきたころは、無一文で、経済的にも困窮していました。満州でいただいていたお給料は貯金していましたが、敗戦ですべて紙くずと化してしまいました。保険も下りませんでした。ただ、わずかばかりの退職金が出ただけでした。

また、満州からの引き揚げがたたったのか、大病も患《わずら》いました。

敗戦直後にはマラリアにかかり、四十二度の高熱が出ました。これは、お稲荷さんに教わって、ヨモギの汁に塩を入れて飲み、治しました。

戦後二年目には破《は》傷風《しょうふう》にかかりました。二人三脚のときに転んで傷ができたのですが、手当てもせずに召還兵《しょうかんへい》の入ったあとの風呂に入ってしまい、傷口が化膿《かのう》したのが原因でした。左足です。

手術をしないとダメだといわれ、軽い手術をしました。これは、当時貴重品だったペニシリンがなんとか手に入ったので助かりました。

どうして当時高価だったペニシリンが手に入ったのかといいますと、実は満州から秘《ひそ》かに黒ダイヤを持ち帰っておりまして、それを神戸まで出て換金したからです。そのお金がそっくりペニシリンに化けたのでした。

ペニシリンは一本八千円しました。十本使いましたので八万円かかったことになります。これで有り金は完全にスッカラカンになってしまいました。しかもペニシリンを打ちすぎたせいか、それからは注射が効かなくなってしまいました。

おかげで傷は完治しましたが、いまでも少し左の足を引きずる感じが残っています。

和田山に帰ってきてから仕事はほとんどなかったのですが、それでも一時期木工所《もっこうじょ》に勤めたり、食堂で働いたりしていました。ですが、それも大病を患ったりしたために長くは続きませんでした。そこで仕事をどうするか考えたあげく、商売でもするかということになりました。ところが何をやってもうまくいきませんでした。[25]

お菓子屋も二、三年やりました。[26] でも一向に儲《もう》かりませんでした。というより、損ばかりしていた、といった方がいいかもしれません。なにしろ、弟たちが仕入れ値より安く売ってしまったりするのですから、儲かるはずがありません。

私は満州に行く前から、どこへ行くのも神様の御命令になっていました。神様があれをしろこれをしろとお命じになるままに、うろうろしていたのですが、ある日、商売がうまくいかないので困ってしまい、どうしたらいいものか神様に尋ねました。

すると「言うことを聞かないからだ」とおっしゃいました。そのうえ驚いたことに、「もう商売なんてやめてしまえ」とおっしゃいました。

私はまた無茶を言われると思いながら、「では、どうして食べていけばいいのですか」と例によってダダをこねました。ところが意外なことに、「心配ない。代が必要な衣食住はすべて与える。それに一生使えるぐらいの小遣いも十分に用意してやる」とおっしゃったのです。

それで私は仰《おお》せに従い、神様にすべてをゆだねる決心をして、ついに仕事は一切やめてしまいました。それ以後、一度も仕事をしたことはありません。

いまにしてみれば、どんな商売をしてもうまくいかなかったのは、お稲荷さんが邪魔《じゃま》をされていたからだとしか思えません。

商売をやめてしまうと、神様は、「いまからお前に本当の力を授けるのだ。その時がついに来たのだ。修行だ、修行だ」とおっしゃいました。こうして私は本格的な行に打ち込むようになりました。それからは毎日が激しい行の連続でした。

私の場合、行のやり方は誰かが教えてくれたものではありませんでした。普通は学校に入ったり、先生についてやり方を教わるのですが、私の場合は神様が直接教えてくださったのです。ですから最初は何も分かりませんでした。ただ神様のお告《つ》げに従っただけでした。

行を始めてからも、神様のお告げは昼となく夜となく続きました。そしてすべてを教えてくださいました。自分で何かをしようと思ってもどうすることもできず、一挙手《いっきょしゅ》一投足《いっとうそく》まで御神示が出ました。そして気に入らぬと足止めをくいました。手足が動かなくなるのです。

神様は私にすべてを忘れろ、何も考えるなとおっしゃいました。バカになれとも言われました。無にならなければ、神様は動かれようがないのです。

とまれ、私のように神様の御神示が受けられる者は珍しく、教師の資格を持つ人でも少ないでしょう。

行は和田山で日々積むだけでなく、京都の伏見稲荷のお山《やま》でも行いました。ここには頻繁に通いました。これもすべて御命令でした。それは今日にいたるまで止むことなく続いています。

お山での行はのちほど述べますが、とにかく行という行はすべてのことを一通りやりました。寒中の水行《みずぎょう》をはじめ、穀断《こくだ》ち、塩断ち、茶断ち、水断ち、断食《だんじき》にいたるまで、あらゆるものを行いました。ただ水断ちはせいぜい一日ぐらいしかできませんでした。それ以上続けると命にかかわりますから。

ここでは、和田山での寒中の水行を一例としてお話しします。実家の側に円山川という大きな川が流れていました。この川に冬のそれも真夜中、十二時を過ぎると入るのです。和田山は今とは違って冬はよく雪が降りました。その雪がボタボタ降る中を、降り積もった雪を踏み締めながら川に入って行きました。

そして祝詞《のりと》を上げて出てきます。身を切るような冷たさでしたが、お祈りをしているときは一心不乱《いっしんふらん》、無になっていますから、冷たさなどはまったく感じませんでした。逆に、川から出たときは、肌は真っ赤で、身体はポカポカしていました。

川の中で祝詞を上げる行は、声が続くかぎり続けます。しまいには血痰《けったん》が出ますが、これは声を破るといいます。しかし、一度声を破ると、二度と声は破れることがありません。

寒中の行は身も心も鍛《きた》えます。祝詞を上げている間は何も考えていませんから、無心になれます。考えたり感じたりしていたら、こんなことはできません。その間、眠いなどということはなく、また眠いなどと感じている暇もありません。これは相当な荒行《あらぎょう》でした。

無心になると神様の声が聞こえてきます。そして、川から上がると、着物を着て、また神殿で一時間ほど行をします。

ときには、四十度を超す熱が出たこともありました。お医者様から、肺炎になりかかっているから止めなさいと言われたときも、ケンカをしてでも止めませんでした。お医者様は呆れて帰ってしまわれました。

母はそんな私を見ていて、決して止めようとはしませんでした。「この子は神様の子や。神様に取られてしまったので、生きようと死のうと、この子の運命は神様がお決めになることだ」といつも言っておりました。おそらく祖母のあとを継ぐ運命にあった自分がそれをしなかったので、その代わりに子どもがその役割を継いだのだという思いがあったのでしょう。

この円山川での行のとき、とんだハプニングがありました。幽霊とまちがえられてしまったのです。川には白い着物を着て入っていました。近くに橋がかかっていました。真夜中で橋の両端に電燈がともっていただけでしたから、ほとんど何も見えない状態でした。橋の上からは暗闇に白いものがかすかに浮かび上がってくるぐらいにしか見えません。それに、裸足《はだし》で河原の積もった雪を踏み締めていますから足も見えませんでした。

あるとき、町にお酒を飲みに行っていた村の人が、真夜中に自転車に乗っていい気分でご帰還あそばしたのですが、暗闇にほんのりと浮かんだ白い着物姿の女性らしきものを見て、幽霊だと勘違いし、遠回りして逃げ帰ってしまわれたのです。その人は、それからは飲みに出かけなくなってしまったそうです。

後日、そのお母さんから、近ごろは息子が酒を飲みに出なくなったので、ありがたいことですと言って感謝されました。ですが、原因が分かって大笑いになりました。

話は前後しますが、私は激しい行の生活に入る前、つまり敗戦直後、多くの悩みを抱えており、相変わらず命を絶つことを考えておりました。まだふらついており、もうひとつ本格的な信仰の道に入りきるだけの決心がつかなかったのです。やはり本当の信仰の道に入ってしまうのが何かイヤで、神様から逃げ出そうとしていたのです。

そして、またもや自殺を試みてしまいました。[27] 今度は、山陰本線の城崎《きのさき》駅（現、城崎温泉駅）を過ぎたところにあるトンネルの出入り口の上から飛び込みを図《はか》りました。しかし、列車の上で跳《は》ねて、気がついてみると線路脇で手を合わせて座っていたのです。このときまたもや、死にたくてもどうしても死なせてもらえないことが分かったのでした。

私が激しい行にのめり込み始めたのは、その数年後のことでした。[28] 何をやっても死ねなかったのだから、メチャクチャやっても死ぬことはあるまい、という開き直りに似た気持ちもありました。また一方では、これで死ねたらという思いもありました。

そして、激しい行を、これでも死なないか、これでも死なないか、と思いつつ積んでゆきました。だが、死ねませんでした。その無茶さたるや、自分でも呆れてしまうことばかりで、今日までよく生きてこられたものだと思います。

七　お堂建立

私は神様に導かれて行に明け暮れる生活に入りました。

神様が一切の仕事をやめろと言われたので、その通りにしたわけですが、するといつの間にか、たくさんの人が次から次へと私を訪ねて来られるようになり、どうにもならなくなってしまったのです。

多くの方が、私のところにお参りに来られるようになったきっかけはたくさんありましたが、例えばそのひとつに牛のことがありました。

私が住んでいた和田山の寺谷という村は、三十一軒のうち二十九軒が農家で、どの家でも牛を飼っていました。当時、牛は宝物で大切にされていました。ことに雌牛《めうし》は子牛を産めるので、生まれた子牛が雌ですと喜ばれました。

すでに述べたことですが、農家の人たちは私の家の前を通って、側の円山川へ牛を洗いに連れて来ていました。子どものころから、私は牛が通るときお腹に子牛が入っているとそれが分かり、さらに雄雌《おすめす》のいずれであるかも分かりました。本格的な行を始めてからも、そのことに変わりはありませんでした。私がそのことを教えてあげると、雌のときは大変喜ばれ、生まれるとお酒を持ってお礼に来られるようになりました。

また村には、馬喰《ばくろう》さんが妊娠している牛を売りに来られることがありましたが、農家の人はそのたびに雄か雌かを私に聞きに来られました。私は雄だからやめたほうがいいとか、×月×日に持って来るのは雌だから、これにしたほうがいいとか答えていましたが、結局二十九頭全部当たって村中の牛が雌だらけになってしまったこともありました。

馬喰さんは、私の家の前を通るたびに「お稲荷さん今度は商売させてくださいよ、うまくいったらお酒買って帰るから」と言っていましたが、雄のときは「じゃまされた」と言って苦笑《にがわら》いして引き上げて行きました。

こうして、村の皆さんから「こんなありがたい牛の神様はいない」と言われるようになりました。そして、「このお稲荷さんは怖い、こんなありがたいお稲荷さんだったら放ってはおけない、ぜひお堂を建ててお祀りさせていただきたい」と申し出て来られるようになりました。昭和二十九年（一九五四）のことでした。

私は、そのようなことはまったく考えたこともありませんでしたので、びっくりしました。そして橋のたもとの官地《かんち》を町より払い下げていただき、建築材料は信者さんが持ち寄って、大工さんや左官屋《さかんや》さんは無料奉仕してくださいましたので、あれよ、あれよ、というまにお堂が建ってしまいました。

こうして私はこのお堂で神様をお祀りすることになったのですが、お堂は昭和三十五年（一九六〇）までありました。現在、敷地の側を広い県道が走っていますが、お堂の跡地にはお地蔵さんが安置されています。

ちなみにお堂とは、神様をお祀りしている小さな部屋があって、そこを外から拝めるようになっている建物をいいます。その部屋の横に、私の住む部屋がくっついていました。教会とも神社ともちがう建物です。

このお堂を建てているときも、面白いことがありました。

途中で白壁《しらかべ》を塗る費用がなくなってしまったのです。捻出《ねんしゅつ》のあてはまったくありませんでした。どうしたものかと思っていると、神様の声が聞こえてきました。なんとパチンコに行こうとおっしゃるのです。私は生まれてから、一度もパチンコなんてしたことがありませんでした。また、お稲荷さんは変なことをおっしゃると苦笑しながら、福知山まで出かけていきました。

当時パチンコはまだ手打ちでした。和田山にもありましたが、顔見知りが多いのでさけて、知っている人のいない福知山にしたのでした。

パチンコ屋に入ると、見よう見まねで玉を打ち始めたのですが、驚いたことにいくらでも入るのです。玉は面白いようにドンドン出続け、あれよというまに何台も終了させてしまいました。店の人もお客も寄ってきて、信じられないような顔で見つめていました。

そのころは、パチンコ屋にはパチンコのほかにスマートボールも置いていました。盤上をアメ玉ぐらいの白い玉を打って転がし、穴に入れる遊びです。これも入ると玉が出てくるというものでした。パチンコ同様景品付きで、換金ができました。これもやってみると面白いように入りました。

私があまりにも玉を出すので、ついにほかの客からサクラだといちゃもんをつけられてしまいました。

景品のタバコを換金すると、ちょうど五万円になりました。[29] 当時としては大変な額です。なんとこの額は、白壁塗装の代金にちょうどピッタリだったのです。こうしてお堂は無事に完成しました。

後日、儲かったあの快感が忘れられなくて、もう一度パチンコがやりたくなりました。そこで店に出かけようとすると、橋の途中で足止めをくってしまいました。足が動かなくなってしまったのです。そして、「代よ、遊んでばかりいるな。信者さんに迷惑がかかるから」としかられました。

お堂が建ったとき、村のある人が不思議なことを言われました。私が七つぐらいのとき、その方に「大きくなったら、またここに帰って来てお家《うち》を建てるから、そのときは建ててね」と言ったというのです。

私はそんなことはまったく忘れていましたが、その方は、変なことを言う子だと思い、とても強烈な印象が残ったのだそうです。それで、お堂が完成したときに訪ねて来られて、「やっぱり本当になってしまった」と信じられないような顔をされたのでした。まさに私は未来を予言していたことになるのですが、こうなる運命と神様が決めておられたとしか思えません。

お堂が完成しますと、信者さんはますます増え、遠方《えんぽう》からも来られるようになりました。そしてついに、お堂の近くに、「稲荷前」というバスの臨時停留所までできてしまいました。それで、私は、朝八時ぐらいから午後の三時、四時まで、連日座りづめの状態になってしまいました。昼食を摂《と》る時間もないので、お手伝いのおばさんに塩水を持って来てもらい、それ一杯ですませる日々でした。

また、このころになると、遠くまで出張するようにもなっていました。まだ自動車のないころですから、単車《たんしゃ》（オートバイ）の後ろに乗せてもらったりして山奥まで回りました。

お稲荷さんは衣食住の神様で、信仰すれば必ず必要なものは与えてくださいます。私の場合は、商売を止めるときに、これからは必要なものはすべて与えるとおっしゃっていただきましたが、本当にその通りになってしまいました。

商売を止めてから、信者さんが、おかげをいただいたと言って、お供えとしてお米や野菜をはじめ、さまざまな食料などを置いていかれるようになりました。私は一度もそのようなことを申し上げたことはなかったのですが、自然とそうなってしまい、いまにいたっています。

ですから、戦後の食料難のおりでも、私は食べ物に困ったことは一度もありませんでした。むしろ余っていたくらいでした。

あのころは、戦後のお米のないときで、それにもかかわらず毎日のようにお米をいただきました。私はお堂でお手伝いのおばさんと二人で住んでいました。とうてい二人では食べきれませんでしたので、私たち二人に必要な分量、ちょうど二合《にごう》分だけをちょうだいすることに決め、残りは近所の子どもさんのたくさんおられるご家庭などにすべてあげていました。そうすると「助けていただいたから」と言って、さらに人が集まって来られるようになりました。

当時は食料難の時代でしたから、私がさしあげた食料で育った子どもさんはたくさんおられます。それで、古い信者さんの中には、「戦後お稲荷さんのおかげで大きくなった」とおっしゃる方がたくさんおられます。

なかには、名前をつけてあげた子どもさんもおられます。もちろん名前は神様がおつけになるのですが、神様は私の知らない字までよく知っていらっしゃいますので、びっくりします。

このように、私は今日にいたるまで、物にもお金にも不自由することなく過ごさせていただくことができました。買うものといえばお酢と塩だけです。お正月には、信者さんたちがお米を一年分積んでくださいますし、お魚は船の御祈禱《ごきとう》に行く関係で、港の信者さんたちが取れ立ての活《い》きのいい魚を送ってくださいます。果物は岩手や長野の信者さんが送ってくださいます。いま私の信者さんは、全国にいらっしゃるからです。

こうした食料難の時代でしたのに、一方では、お稲荷さんはどこそこに行って何を買って来いだとか、高いものばかり要求されるので困ったこともありました。そんな難しいことばかり言われるのなら、もう帰ってくださいとケンカです。

例えば、ある日お稲荷さんが「代、魚屋においしそうな活きのいい鯛《たい》が三匹入ったぞ。二匹は高級料亭が買ってしまうが、一匹は残るはずだ。これを買いに行こう。××円で手に入るぞ」と突然言われたのです。私はまたかと思いながら、指定の魚屋に出かけて行きました。ところが魚屋は、「鯛はとっくに売れてしまった」と言って売ってくれません。そこで私が、「そんなことはない、二匹は××という高級料亭が××円で買ったけれども、一匹はまだ残っているはずだ」と言いますと、店主は驚いた顔をして、「なんでそんなことまで知っているのだ」と白旗《しろはた》を揚げてしまいました。

そして、「一匹は売ってもいい」と言い出したのですが、法外な値段をふっかけてきました。そこで私は、「変だな、仕入れ値は××円だから、いくらなんでもぼりすぎじゃないですか。いいところ××円くらいが相場じゃないの」と切り返しますと、「なんでそんなことまで分かるの？　怖い人だね、この人は」と言いながら、とうとうお稲荷さんのおっしゃった値段で売ってくれました。その呆れ返った顔つきはいまも忘れられません。

そのとき、帰り道でお稲荷さんの声がしました。「代よ、面白かったの」。

このころは私も若かったせいか、とても面白い毎日でした。なにしろ神様のおっしゃることがすべて本当なのですから、おかしくてしかたがありませんでした。何でも分かってしまうのですから、不思議でなりません。

いまとは違って、皆さん純朴《じゅんぼく》でしたから、ささいなことでも驚かれ、大騒ぎです。夫婦喧嘩《げんか》も、来られただけですぐに分かりました。区長さんの奥さんが来られたとき、「昨夜ものすごい夫婦喧嘩で竹のほうきを折らはったやろ」と思わず言いますと、奥さんビックリで、「何もできませんわ」と思わず苦笑いされたこともありました。

ある人には、「神さんに赤飯《せきはん》供えるのに、水が冷たいからといって、しゃもじでお米を洗ったやろ。そんなことすると養子もなにもあらへんで（養子が来ない）」と言いますと、「えらいことになった」とびっくり仰天です。

また、初午（二月初め）のころに、あるおばあさんがお米を一升《いっしょう》お供えに持参されたことがありました。すると神様が、「盗んだ米はいらんから米びつに移せ」とおっしゃいました。それでおばあさんはびっくりされました。なんと、お嫁さんが、おばあさんが盗まないように、お米に一つひとつ字を書いていたのでした。それを聞いたご近所の人は、「やっぱりあの嫁さんではやりかねないね」とうなずかれました。

信者さんとは何かとおつきあいがあり、お堂で断食の行なども一緒にやりました。しかし皆さん長くは続きませんでした。ことに男の人は餓えに弱く、すぐに音《ね》を上げてしまわれます。神様も面白がられて、大福《だいふく》を山ほど届けさせたりといったいたずらをされて大騒ぎでした。

このころは皆さん純真でしたから、霊がかかりやすかったのです。それに引き換え今の人は、欲が深くて心が間違っていますから、言ってあげてもまともに受け取りません。それで私は言いません。

この時代は、こんなおかしなことばかりではもちろんありませんでした。命拾《いのちびろ》いされた方もたくさんおられます。

例えば、手形《てがた》が落ちなくなって、明日倒産で首をくくらなくてはならないという建築関係の方がみえたことがありました。神様にうかがいますと、「ある地区に行くと仕事をしかけている業者がいるから、そこで仕事が取れ、前金が入る」と言われました。

その方にそのことをお伝えしますと、言われたところに思いきって出かけて行かれました。すると実際に仕事が入ってきたそうです。それで倒産を免れました。この方は後年ガンで亡くなりました[30]。このときは、私がガンだと申し上げているのに、検査に行かれなかったので助かりませんでした。

この時代は本当に忙しくて座りづめの毎日でしたが、ある日おかしなことがありました。神様が突然、「城崎に行こう」と言い出されたのです。連日忙しい思いをしておりましたので、私は「ああ今日は温泉に入って休める」と思わず小躍《こおど》りしてしまいました。

ところが城崎に着くと、温泉ではなく「うどん屋に入ろう」と言われるのです。「なんでこんなところまで来て、うどん屋なんかに入らねばならないのですか。お腹《なか》などすいていません」と思わずダダをこねました。ところが、「いいから入れ」の一点張りなのです。

のれんをくぐると、何と真正面に正一位《しょういちい》白菊《しらぎく》大明神《だいみょうじん》として、お稲荷さんがデンとお祀りしてあるではないですか。そして奥からおかみさんが出てこられて、「寺谷の先生ですか？　まー、やっと来てくださいましたか。二年前から先生を呼んで来てくれと願掛《がんか》けしてお待ちしておりました。『呼んで来てくれなければ、そんなお稲荷さんはいらんから、伏見に帰んなはれ』

と言っていました。やっぱ来なはったわ。さあお上がりください」と大歓迎なのです。入ってみれば、たくさんのお供えがしてあり大騒動でした。

そこで、ようやく温泉ではなくて仕事だと気づいた私は、一生懸命に御祈禱し、お風呂に入れていただいただけで、泊ってくださいと言われるのも振り切って、あたふたと逃げ帰りました。帰ってみると母がカンカンになっていました。「たくさんの人がお見えになって待っておられたのに、いったいどこに行っていたのか」というわけです。大変な時代でした。

八　稲荷講社に入る

お堂が完成した年のことでした。お参りや行に通っていた伏見稲荷で、正式に講員《こういん》さんを作って稲荷講社に入るように奨《すす》められました。

私は行に通うかたわらで、信者さんが増えてくると、信者さんたちをお連れしてのお参りもしておりました。しかし、これはあくまでも伏見稲荷の本社とは無関係の行動でした。

伏見稲荷大社には、全国の信者さんの集まりを統括《とうかつ》している部署があります。講務《こうむ》本庁《ほんちょう》といいます。ここは昭和三十八年（一九六三）までは稲荷講社といっていました。ですが私は、本庁とは何の関係もありませんでした。関係を持ちたいと思ったこともありませんでした。お参りしても、いつも知らぬふりをしておりました。そういうことは性格的にイヤだったのです。

ところが、私のことをずっと見ておられたいまから四代前の宮司さんが、私に声をかけてこられたのでした。この方は当時、講務部長をしておられましたが、「こんなことをしていてはダメだから、稲荷講社に入りなさい」と言われました。

伏見稲荷大社本殿（内拝殿）。2004年

　そして、昭和三十年（一九五五）に講習を受け、教師の資格を取ることになりました。資格は三年間講習を受ければいただけます。三年後の昭和三十二年に講習が終了し、四級教師になりました。そして地元に扱所《あつかいしょ》を造りました。これが三丹《さんたん》支部の前身です。

　扱所というのは、お稲荷さんの信者さんたちの集まる地方組織で、その組織を指導する長として教師がいます。長には教師の資格を持つものしかなれません。扱所になると、本社に正式に登録され、講費を信者さんからいただいて本社に納めます。また本社からの連絡を伝え、参拝やお祭りなどのさまざまな活動を行います。

　このいきさつからもお分かりいただけますように、私は伏見稲荷大社の本庁とは関係がなく伏見稲荷に通っていた期間が長かったのです。

講習を受けることによって、さまざまなことが分かり始めました。ところが困ったことに、その間に教えてくださった先生方がおやめになられるということがあり、またしても分からなくなってしまいました。そこでもうこんなことは止めようと何度も思いましたが、最後まで受けました。

戦後、本格的な行に励むようになって、私は神様の御命令で京都の伏見稲荷に行に通うようになりました[31]。

京都の伏見稲荷は、全国に何万と分祠《ぶんし》されている稲荷神社の総本宮《そうほんぐう》です。いまもたくさんの人がお参りされ、賑《にぎ》わっています。ですから、ここはたんにお参りするところだと思っておられる方も多いことでしょうが、実は修験《しゅげん》の山でもあるのです。むかしから、たくさんの方がここで行を積まれてきました。古くは弘法大師様もこのお山で行をなさいました。

このことからもお分かりいただけますように、伏見のお山はたくさんの神様が集まっておられる霊山なのです。和歌山県の高野山《こうやさん》と同じです。

伏見稲荷の本殿の背後には、低い山があります。稲荷山といいます。何千本もの赤い鳥居が立ち並んでいることで知られています。また、お山の全体いたるところに、石でできた祭壇のようなものがたくさん置かれています。これをお塚《つか》といいます。むかしから造られており、い

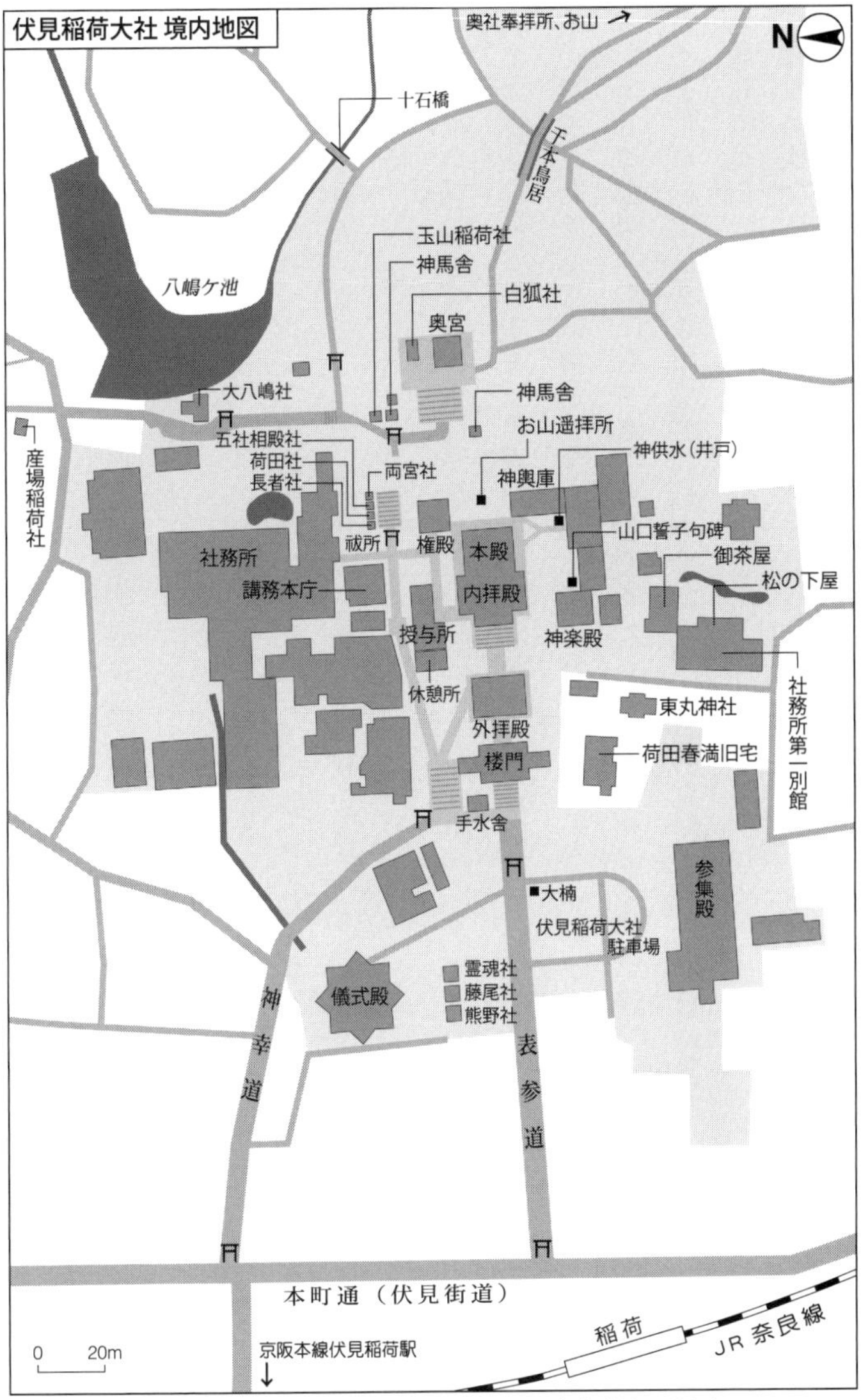

境内にある参集殿は、2020年に閉館し、翌年解体されました。

まも建立され続けています。

このお塚というのは、信者さんたちが自宅でお祀りしている神様を、伏見稲荷でもお祀りするために造っているものです。それでお塚には、自分たちのお祀りしている神様の名前が書かれています。信者さんたちは、伏見稲荷にお参りしたとき、自分たちのお塚があればそこにも参っているのです。

また、お山には、たくさんの神様をお祀りしているところがあります。眼力《がんりき》さんとか薬力《やくりき》さんとか呼ばれています。山頂には、一ノ峰、二ノ峰、三ノ峰があり、広末大神《ひろすえのおおかみ》などが鎮座《ちんざ》しておられます（次頁の地図参照）。

このほか、お山には、水行のためのお滝場が十数カ所あります。

この伏見稲荷のお山で、重要な神様やお塚を拝みながら、お灯明《とうみょう》を上げ、お供えをし、祝詞を上げて、行をしながら巡礼することを「お山をする」といいます。

むかしは夜に「お山をする」のが普通でした。ちょうど丑三《うしみ》つ時《どき》、深夜の二時ごろに山頂に着くようにお山を回るのです。私の場合は、夕方の五時ごろに本殿に着くように和田山を発ち、到着してから一晩中お山をしていました。

お山にはたくさんのお塚があります。今日では、私たち三丹支部は自分たちのお塚を建てていますから、そこを中心に拝んでいます。むかしはそれがありませんでしたから、ほかのたく

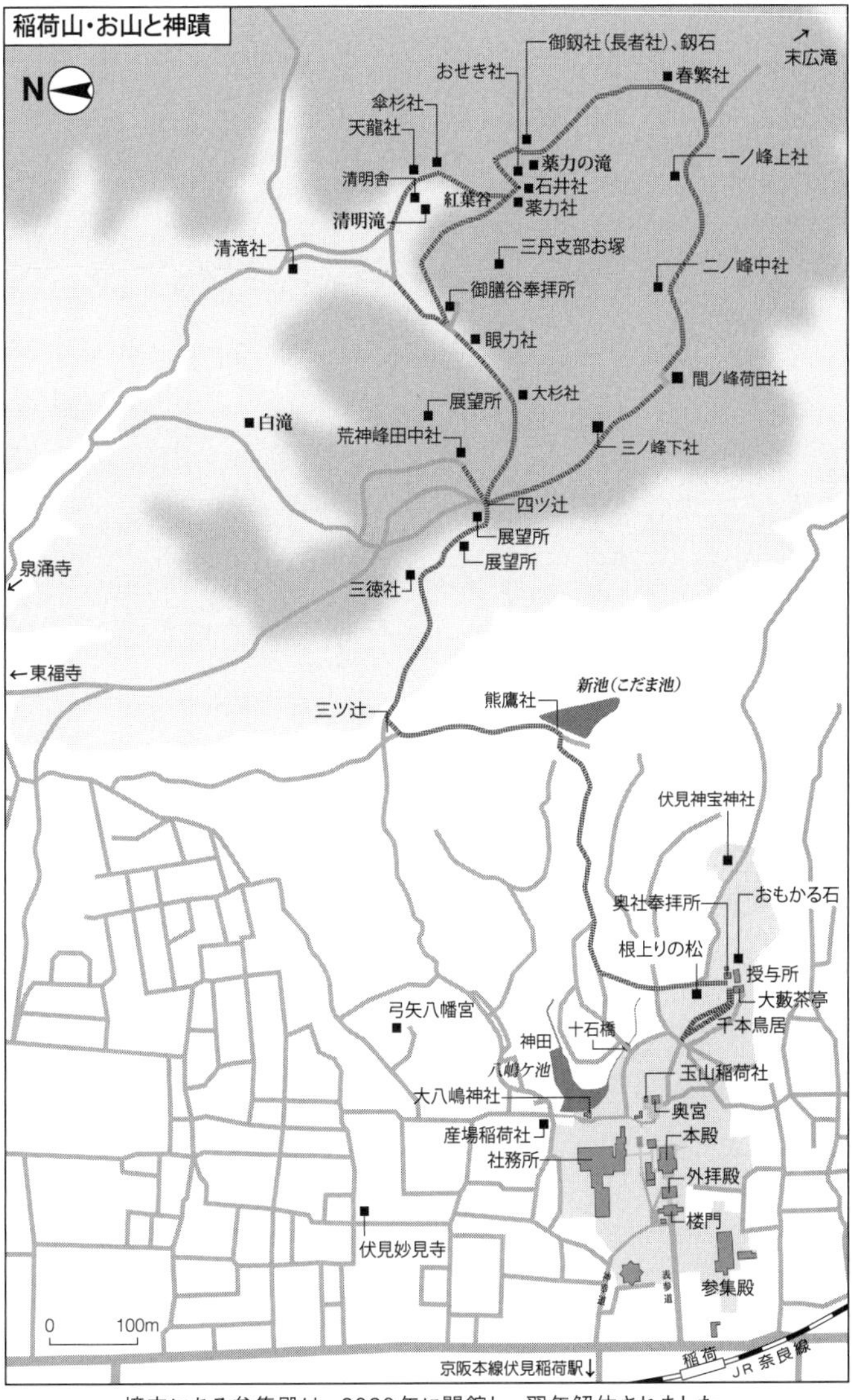

境内にある参集殿は、2020年に閉館し、翌年解体されました。

さんのお塚を拝んで歩いていました。お山にはたくさんの神様がおられますし、代表的なお塚はすべて拝んで回るのですから、いくら時間があっても足りません。一晩中拝んで回りました。

お供えは、お金のないときなどは、ダシジャコをたくさん買っておいて、袋に入れて持ち歩き、それを一匹ずつお供えしながら回りました。

お山をしているときは、常に白衣にはかま姿でした。その衣装で地べたにじかに座って祝詞を唱《とな》えるのです。足の肌は地面にむき出しで接していますから、砂利《じゃり》が肌に食い込んできます。でも何も考えていませんから、そのときは痛いなどとはまったく感じません。いまも足にはそのときの傷がたくさんあります。

行が終わるのは明け方の四時ぐらいでした。終わるとお山を下りて来て、本社の前で額《ぬか》ずき、修行のお礼をしてから京都駅まで歩きました。四十分ほどかかりました。まだ電車が動いていない時間でした。

戦後すぐのころは、食べ物もありませんし、京都駅まで空腹を抱えて歩きました。フラフラでした。駅前の出店《でみせ》に座り込んだこともありました。いつも持ってきたお金はすべてお山で撒《ま》いてしまっていましたので、駅に着いたときには有り金は汽車賃だけというありさまでした。和田山に帰ると無一文でした。それでも私は大神様のもとへ行けるのが幸せでした。

眼力社

行を深夜に行うのは、昼は気が散るので行には向かないからです。また夜は神様の時間だからです。行を積むようになると、神様が見えるようになりました。大神様は立派な白狐《びゃっこ》でした。体を霊気が包んでいて、神々《こうごう》しくて近寄れませんでした。よく太った立派な尾をしていらっしゃいます。その尾を、後ろ向きになって見せてくださったこともありました。

そのほかたくさんの神様が出て来られました。普通の人には見えませんが、お山にはたくさんの神様がおられるのです。

こうして夏の暑い夜だけでなく、冬の寒い夜も、雪の降りしきる夜も、行は続きました。いまのように参道には街燈《がいとう》もたくさん設置されていませんでしたので、本当に暗かったのですが、しだいに目が見えるようになりました。

参道はまだ舗装《ほそう》されてもおらず、細い土の道でした。雨が降ればぬかるみドロドロになりました。その山道を、草履《ぞうり》履《ば》き下駄履きで上り下りしました。しかしそれではすべって転びそうになるので、最後には草履を脱いで、白足袋《しろたび》だけですべるようにして下りました。また雨が降ればずぶ濡《ぬ》れになりながら、雪が降れば肩に雪を積もらせながら、汗にまみれて歩きました。

このころは、お山のお茶屋さんは夜通し開いていました。御膳谷《ごぜんだに》の社務所もかつてはお茶屋さんでした。私たち行者は、ここや眼力さんに泊めていただいて、仮眠をとったり温かいものを食べさせていただいたりしていました。

信者さんが増え始めてからは、多くの信者さんをお連れして「お山をする」こともありました。これも昔は夜でした。

多いときには、二十人から三十人もの人と行をともにしました。大体夕方の五時ぐらいにスタートして、翌日の朝四時ぐらいに下りてくるのは、ひとりのときと変わりませんでした。その間、私は信者さんのことを拝み続けています。すると神様の声が聞こえてきたり、病人が治《なお》ったりしました。

お山から下りてくると、やはり京都駅まで歩きました。それから列車にゆられて帰るのですが、車内は私たちのほかには誰もいず、貸し切りのようなものでした。眠る人ももちろんいましたが、冗談《じょうだん》を言いながらワイワイと大騒ぎをしていました。いまでは考えられないくらいのんびりとした時代でした。

当時はお山には行者も多く、お山全体に夜通し参拝者の鳴らす鈴の音が響き渡っていました。ともに修行した方もたくさんおられました。

稲荷のお山には神様がたくさんおられますから、数々の奇跡が起こりました。

あるときは、お金やお菓子やお餅が、天からパラパラと降ってきました。気がついたら、そういったごほうびで着物の袖《そで》の中が一杯になっていることもありました。そのたびに「またお稲荷さんが遊んでおられる」とか、「ごほうびをくださった」とか思いましたが、こういった珍しいことがよくありました。

また、子どもさんを連れて回ったときなどは、「感心だからおやつをあげよう」という神様の声が聞こえてくることもありました。そうしますと、ちゃんと指定のところに、その人数分だけのおやつが置いてあるのでした。

お山に御膳谷というところがあります（九三頁の地図参照）。その少し手前に、眼力さんという神様がお祀りしてあります。この神様は病気、特に目の病によく効くといわれています。深夜ここに盲目の方をお連れして拝んだことがありました。その方は太った方で、ある宗教の教師でした。私は盲人を背負って長い坂道を上がりました。そして眼力さんで拝んでいると、なんとその方の目が見えるようになったのです。また眼力さんでは、眼病だけでなくたくさんの方の病気も治していただきました。

眼力さんの前には、お尻を上げた狐の像があります（九五頁の写真参照）。これは空を飛んでいる白狐の姿を表現しています。白狐は空を飛ぶと昔から信じられているからです。実際に白狐が空を飛んできて、福餅《ふくもち》を撒《ま》いていったところを見たことがあります。本当にバラバラと上空から餅が降ってきました。

まさにお山をしながらの人助けでしたが、いまの子にこんな話をしても、そんなアホなことあるかいな、といって信じてくれない世の中になってしまいました。

あるとき、眼力さんの前で私たちが一生懸命に拝んでいますと、お供えを持った別のお代さんが、横からさっと割り込んできて、お供えをしようとしました。私たちはそれで遠慮しました。すると供えようとした紅白のお餅の下の白いお餅がさっと飛んできて、私の手の上に落ちました。

そしていつの間にか、どこからとなく神様とも人間ともつかない見知らぬ白髪のおばあさんが現れて、私たちのそばに立っていました。そして「まあ、このお代さんは立派な人や。人に席を譲られたうえに、福餅までもらわはった。お稲荷さんうれしいやろ」と私に向かって言いました。

これは眷族《けんぞく》さんの敵討《あだうち》ちだったようです。そして「代の方が遠慮する必要はない。取られるほうが馬鹿なのだ。出世しなさいよ、代」と言ったかと思うと、さっと消えてしまわれました。ちなみに眷族さんとは、神様のお使いをしている修行中の狐のことです。

このように、お山では不思議なことが実によくありました。私は面白いので、お山に行くのが好きでした。若かったしメチャクチャやっていました。

今も昔も、「お山をする」のは、すべて手足の動かし方にいたるまで神様の御神示です。自分が今日はここを歩こうなどと思っているわけではないのです。お山に入ると神様は大将ですから、好きにされます。

昔はお山で神様にかかりやすい人が多く、いろんな不思議なことが起きました。神様も面白がられていたずらをされました。お山では神様がお命じになるままどこへでも行きました。通るところもすべて神様がお決めになりました。道のないところを歩けと言われれば、そこを歩きました。

道のないところにガサガサと入って行きますと、信者さんたちも私のあとを追って山の中を上り下りされました。ところが私の着物は何ともないのに、信者さんたちの着ているものは、枝で引っ掛けたりしてボロボロになってしまいます。私は飛ぶように登ると言われましたが、信者さんたちはいつも私に追いついてこれませんでした。

熊鷹《くまたか》さん（熊鷹社のことで、稲荷山の神蹟《しんせき》のひとつ。九三頁の地図参照）という神様をお祀りしているところの下の辺《あた》りを歩いていたときのことでした。その道のない山の中を歩いていますと、信者さんにお稲荷さんが憑《つ》いてしまいました。それで私は九字《くじ》を切り、その人を木に縛りつけて動けなくしてから登ったこともありました。信者さんは動けないので、助けてくれと言って大騒ぎでした。

お山をしているときは、座っているよりも歩き回っている時間のほうが長いのです。歩いているときは、いつも一心不乱に祝詞や経《きょう》を唱えています。すると何も考えなくなってしまい、無になれるからです。

このように歩くこと自体が行なのです。精神統一になります。歩く行を積んでいると、最後には獣《けもの》がついて来るようになります。獣も最初はおびえて近寄ってきませんが、そのうちに行者を守りながら一緒に行をするようになります。そして行者は獣の世界と一体になります。それは行者が神の世界に入ったからなのです。

かなり後のことになりますが、深夜のお山が一時期禁止されたことがありました。二十年ほど前のことでした。昭和四十七年（一九七二）ごろからしだいに深夜に「お山をする」のが物《ぶっ》騒《そう》になってきたのですが、とうとう禁止令が敷かれてしまったのです。それで信者さんをお連れして深夜に「お山をする」ことができなくなってしまいました。

　このころから、「おさげ」といって、釜ヶ崎《かまがさき》（大阪市西成《にしなり》区）など大阪からやってくる刑務所帰りの人たちやルンペンが、集団でお山を荒らすようになりました。賽銭《さいせん》やお供えをかっさらっていくようになったのです。そのうえに、カメラやハンドバッグなどをねらった盗みも働き、あげくの果てには若い女性がいたずらされるといった事件も起こるようになりました。

　昔は深夜にいくらお山をしていても、こんなことは少しも起こらず、なにも怖いことはありませんでした。しかし、いまは何をするか分からない人がウロウロしていますので、物騒でなりません。

　お稲荷さんも人間が一番怖いとおっしゃっておられます。人間の心が一番怖いとおっしゃるのです。ですから、最近はどんな目にあわされるか分からないので、隠れておられ、なかなか出てこられません。

　普通の人には、神様がお山にたくさんおられることは見えないでしょうが、実はたくさんいらっしゃるのです。魂に姿形《すがたかたち》はありませんから、普通の人には分からないだけのことなのです。

　深夜にお山をしていた時代は、お稲荷さんが動かれても安心な時代でした。今は神様にとってもいづらい時代になったようです。

今はお山のできる人がいなくなってしまいました。また今の人は、夜の行をしろと言ってもできません。ですからよけいに神様が信じられないのです。

深夜に行を行うことが禁止されたお山は、その後また解禁されて今日にいたっています。

九　百日断食に挑む

伏見稲荷のお山での行のひとつに、「お滝の行」があります。和田山の円山川での水行とはちがって、落下する水に打たれるのです。

伏見のお山には、御膳谷の下に清明滝《せいめいたき》というお滝場と清明舎《せいめいしゃ》という道場があります（九三頁の地図参照）。私は本格的な行をつんでいたとき、よくこの清明舎に泊まり込んで、清明滝でお滝の行を受けました。ここは自炊《じすい》もできるようになっていました。

お山の周辺には、この清明滝以外にも弘法の滝をはじめとして十数カ所のお滝があります。古来、ここで行をされた方はたくさんいらっしゃいます。弘法大師様などは、伏見のお山のお滝場で、穴にもぐって竹だけ地面に出して呼吸し、そこから水を得て一カ月生きられたと言い伝えられています。ここは弘法の滝として今日も残っています。

伏見稲荷には、弘法大師様の伝説がいくつも残っています。弘法大師様がお山で道に迷われて、白狐に助けられたというのもそのひとつです。昔から伏見稲荷大社と、嵯峨《さが》天皇様より弘法大師様に与えられた京都の東寺《とうじ》とは深い関係にあります。稲荷の神様が翁《おきな》の姿になって、弘法大師様を訪ねたという話があります。例年五月三日には、東寺近くのお旅所《たびしょ》から御本社に御《ご》神輿《しんよ》が帰られるときは東寺に立ち寄られ、お供えとお経が東寺のお坊さんによって上げられます。

お滝場の行は実に厳しいものでした。

冬はツララの下がっている中で滝に打たれます。先のとがっているツララで肩を切りそうになったことが何度もありました。お滝場に入る前は、バケツの中のカチカチに凍っている氷を割ってから、その中の水をかぶりました。心臓が悪い人なら死んでもおかしくはありません。

そして一心不乱に拝みます。その間、何も考えません。何かを考えていたらこんなことはできません。寒いとも怖いとも考えません。ひたすら無になります。

お滝を終えると、いつも肌は真っ赤になって腫れ上がっていました。当時は暖房器具などありませんでしたから、周辺から薪《まき》を拾い集めて来て、それを燃やして暖をとりました。

それでは夏は冬に比べて楽かと言いますと、そんなことは決してありません。夏の方が水が冷たいので、体にこたえるからです。行者の方は夏のお滝はこたえると言われます。

昔は、電燈もなく真っ暗な中で、白衣一枚でお滝場に入りました。お滝場は岩場ですから、

清明滝

いつなんどき岩が落ちてくるかもしれません。命懸けです。ムカデもいます。ヘビも出ます。ムカデなどは首筋を這《は》い回ったりします。イヤだとか怖いと思ったらこの行はできません。

私は長い間、伏見のお山だけでなく、各地のさらにけわしいお滝場を求めてさまざまなところを行脚《あんぎゃ》しました。厳しいお滝を受けると、さらに荒々しいお滝場を求めようという気になるのでした。伏見稲荷の弘法の滝などは一番楽なお滝場に入るでしょう。

お滝の行は荒行《あらぎょう》ですから、もうだめだ、命はないということは何度もありました。入るときは、いつ死んでもいいと決意しておりました。

お滝の受け方は行者によってちがいます。普通は白衣をつけてお滝場に入るのですが、何もつけずに真っ裸で入る人もおられました。それ以外にも人それぞれのやり方があります。それは各人の秘密とされています。その秘密を守るためにも、お滝は一人で受けるのが基本です。また、行を行っているときは覗《のぞ》かないのが礼儀です。

お滝のやり方というのは、ほかの人には説明のできるものではありません。私の場合はすべて神様が直接教えてくださいました。

お滝にかぎらず、行というものは一人でするのが普通です。ですから、おおぜいの人がお滝場に入ってガヤガヤやっているのは間違っています。これは行とは言いません。ただ、初心者にはお滝の受け方を教えてあげなければなりません。このときには、初心者を中に入れ、指導者はお滝場の入り口のところに立って教えを授けます。

お滝に入るときは、初めておろしたまっさらの白衣を着て入ります。昔はその白衣を、ほかの信者さんが持って帰られたこともありました。その持ち帰った白衣は北向きに晒《さら》しておきます。そして持ち帰られた方がお亡くなりになったときに、あの世へ旅立つときの装束《しょうぞく》として着せてもらうためにとっておかれるのです。

白衣のことを行衣《ぎょうい》とも言いますが、この行衣は信者さんたちの間で取り合いでした。私がお滝を受けるときも、私の身につけていた白衣をたくさんの方が持って行かれました。いつもすぐになくなってしまいました。

行をしているときは、生まれたままの心になりきらねばなりません。つまり無です。これになれないようでは行がたりないのです。また、この心になりきってしまうと、行をすることは大変でもなんでもなくなってしまいます。いくら行を積んでも骨身にこたえなくなってしまいます。大変だという言葉は、側でながめている人たちの感想でしかないのです。

お滝の受け方は、行者によってちがうとはいうものの、それでも一定の作法《さほう》があります。普通、お滝場の入り口でお灯明をあげ、白衣で滝に打たれながら、一心に祝詞を唱えます。信者さんが受けておられるときは、入り口のところで私もともに祝詞を唱えます。

お滝を守っておられる神様はお不動様です。また、お滝場には竜神《りゅうじん》様もおられます。竜神様は水の守り神です。お滝をしていると、竜神様が出てこられます。拝むことができます。鱗《うろこ》を見せていただいたこともありました。竜神様は行を積んだものには見えるようになるのです。

また、お不動様も見ることができます。お不動様は私だけでなく、かなり行を積んだ信者さんも見ることができます。怖い顔をしておられます。御神示もでます。

私はある時期までは、お不動さんとお稲荷さんを信仰していました。ところが、金縛《かなしば》りにあって宙《ちゅう》に浮いている人をお滝場で見かけ、九字を切って助けてあげようとしたところ、神様が「これからはお不動さんをやめて、神の道一本でいけ」とおっしゃいました。それから私はお稲荷さんだけになりました。


お滝は、誰が入ってもいいというものではありません。そんなに簡単なものではないのです。修行のできてない人が入ると、とんでもないことが起こります。間違って入ってしまったために金縛りにあっている人や、のたうち回っている人、宙に浮いている人などを見かけたことがありました。

お滝では憑いた霊を落としますので、落ちた霊がたくさんいます。ですから心の弱い人が勝手に入ると、そういった霊が憑きます。だめな人はいくらお滝を受けても霊は落ちません。

私は信者さんともよくお滝をして回りました。あるとき、信者さんとお滝を受けていると、蜂が信者さんを刺しました。そのために、刺された信者さんの神経痛が治ったということがありました。

高野山でお滝の行をしたこともありました。お滝を受けたあと、お滝に入るのを止めた人に水をかけると、その人の腫れが引いたということがありました。

また、お滝場に入ったある人が突然笑いだし、その笑いが全員に感染して止まらなくなってしまったこともありました。そのお滝場は、その方の守護神である竜神様がおられるところだったのです。竜神様が喜んで笑われたので、その人も笑いだしてしまったのでした。

ロウソクの火が突然飛んだこともありました。それはある凶事の前触《まえぶ》れでした。

このように、お滝場というのは不思議なことがよく起きるところなのです。

さて、私は、昭和三十年代（一九五五～六四年）に、お山で百日間にわたる断食行を行いました。[32]塩水二合だけで続けました。そんなことが本当にできるのかと、不思議に思われるかもしれませんが、人間は塩水さえあれば、かなり長期間生きていくことができます。

私はなぜかこの断食行が好きでした。気分がよくなるのです。断食行は短いものならば常に行っていました。一月に一回は必ず行っていました。

　山中でこれを続けていると、体内が清められ、頭が冴《さ》え渡り、五感が鋭くなり、自然の中のすべてのものが生きているのが感じられるようになります。まさに、自然の一木一草《いちぼくいっそう》に霊が宿っているのが感じられるようになりますし、霊感が鋭くなっていくのも感じられます。本当に草や木が語りかけてくるのです。また鳥や動物の心が分かるようになります。自然が神様ですから、自然の中の神様が感じられるようになるのです。

　私はこのように食べるなと言われれば、食べないで行をすることができます。ただお稲荷さんは茶目っ気があり、私が断食をしているときに限って、信者さんに食べ物を持って来させたりされるのでした。

　百日断食中もお山を巡り、すでに述べましたようなさまざまな行をおこないました。食べていないからといって、じっと座っているわけではないのです。ですが、食べていませんから、八十日を過ぎるころには、山道を登ることなどできなくなってしまいました。それでも、手に草履をつけ、ひじや膝《ひざ》にも草履をあてがって、這ってでも登ろうとしました。

　でも、ついに力尽きてしまい、歩けなくなってしまいました。すると神様が迎えに来てくださり、白いお馬さんに乗せられて清明舎まで連れて行ってくださいました。

こうした苦行の果てに、私は百日断食を満願達成《まんがんたっせい》いたしました。私のほかにも何人かがこの荒行に挑まれましたが、私のほかは誰も成し遂げることができませんでした。

生死をかけた激しい行のなかで、生死の境をさまよっていると、神様が見えてきました。それが私の信仰心を確かなものにしました。命をかけなければ何も見えてこないということを悟りました。

私は今では冗談で、私がイヤだと言っているのに、お稲荷さんとお不動さんが、お前はこの道を行かねばならぬのだと言って引っ張られたのだと言っていますが、この世では、人にはそれぞれ進む道が決まっています。しかし、それを分からない人がたくさんいます。それを知らないで違う道を進めば、そのぶん後戻《あともど》りするのに時間がかかり苦労します。

私が積んできた行は、本当に激しいものでした。神様を信じきっていなければ、できたものではありませんでした。神様に死ねと言われれば死ねますくらい信じきっていなければ、寒中に真っ暗闇の中で、白衣ひとつでお滝に入るようなことなどできません。

そして、このように命《いのち》懸《が》けで神様にもたれきっていれば、その人生は神様が預かられるのですから、すべてを神様が授けてくださるようになるのです。

それからは、何も知らない無学な私ですのに、神様は毎日、「代、代」と言ってお使いくださいます。今日のようになるには、長い時間が必要だったのです。

十　子育ても修行

昭和二十九年（一九五四）に、和田山の隣の町、山東町から来て欲しいと請われ、神様が行けとお命じになりましたので移りました。三十二歳になっていました。山東町では教会を建てると言ってくださったのですが、なぜか神様はいらないと言われました。不思議に思っていると、のちに鳥取のイトコとの結婚話が持ち上がりました。昭和三十七年（一九六二）のことでした。

私は鳥取行きの話を受けたくなかったのですが、結局、神様の御命令に従うことにしました。それまで、山東町には九年ほどいました。

困ったことに、神様は鳥取に行けと命じられましたが、御自身は「鳥取に行くのはいやだ。福知山に行く」とおっしゃるのです。仰せに従い、福知山市の下柳町《しもやなぎまち》にあったＳさん宅の一室をお借りしてお祀りすることにしました。

私が鳥取に行ってからも、神様は福知山に出て来いとおっしゃいますので、昭和三十八年

（一九六三）ごろから、鳥取と福知山を行ったり来たりする二重生活が始まりました。

神様が山東町で教会をいらないと言われたのは、私の鳥取行きを見越してのことであり、自身は福知山に落ち着くことが分かっておられたからでした。

山東町時代にもいろいろなことがありました。山東町にはすでに稲荷神社がありましたが、これは伏見稲荷大社直属の神社ではなく、広島から来た神社でした[33]。そこで、どちらの神様が効くかといって、皆さんが比較されたりしました。結局、私の方に軍配が上がり、今度の神さんは本当にすごいと言われました。

山東町では、離婚した男の方が二人の娘さんを連れて困っておられたので、五年ほど娘さんの面倒をみてあげたことがありました。いまは二人とも結婚して幸せになっています。嫁ぎ先の親御さんからよくできた娘さんだと感謝されました。私はこのように、血のつながりのない子どもさんをたくさん育てました[34]。

さて、鳥取に行くことになったいきさつですが、ある日突然、神様が「代よ、三人の男の子をやるから、行って面倒をみなさい」と言われたのです。

どうしてこのようなことを言われたのかと申しますと、相手の人は奥さんに死別しており、三人の子どもがあったからです。

あまりにも突然のことなので、私は「結婚もさせないで、何が今さら子育てですか」とダダをこね、お稲荷さんとケンカをしました。ですが、子育ても修行と観念し、その子たちの面倒を見ることにしました。神様がやれとおっしゃるのだから、立派にやり遂げてみせようと決心したのでした。

すでにお話ししましたが、私の母の実家（北本家）は、祖母から借金をし、そのお金で買った船で漁に出ておりましたが、事故にあって船は沈んでしまいました。母の兄たちの中で次兄は船の事故を免れており、砂澤家に養子に行っておりました。

養子に入った次兄には、女四人男三人という七人の子どもが生まれました。私の結婚相手は、その七人姉弟の三番目で長男でした。姉が二人、妹が二人、弟が二人いました。弟のうちの一人は口が利けませんでした。口が不自由な弟は実家に同居していました。

ですから、結婚相手は私にとってイトコになります。若いころから知り合いでした。実はこの人からも、戦争に行く前に結婚を打診されたことがありました。それで「こんなことになるのなら、最初から結婚させてくれればよかったのに」と言ったそうです。またこれとは別の話ですが、母の実家の北本のおばさんも、私を自分の息子の嫁にと考えていたそうです。

当時、主人の両親つまり私のおじさんとおばさんに当たる人は、七十を過ぎていましたが健在でした。主人の女の姉妹はすべて近所に嫁いでいました。つまり小姑《こじゅうと》がみんな実家の近くに住んでいたのです。

私は先妻の方と生前に面識がありました。そして亡くなられた事情も多少存じておりましたので、神様の御命令でもあり、子どもの面倒を見てあげることにしたのです。ただ、結婚にあたっては「私は神様にお仕えする身なので、この家庭の世話には専念できません。だができるかぎりのことはしますし、子どもさんは精一杯育てます」と申し上げました。

このように奇《く》しき縁といいますか、よりにもよって、祖母が借金を踏み倒された家の子どもの養子先に行くはめになってしまったのです。

実際に行ってみると、環境の激しい変わりように最初はとまどいました。なにしろ四十歳を過ぎてから他家に入るだけでも大きな変化ですのに、一気に三人の子持ちとなり、そのうえに、姑《しゅうとめ》、小姑のオンパレードとなったのですから。慣れないことばかりで本当に大変でした。

私が嫁いだとき、上の子どもは小学校六年生、二番目の子どもは小学校三年生、末っ子は幼稚園に通っていました。子どもたちの父親は船乗りで、一年中家を空けていました。ですから、ときどき帰って来たときは、末っ子はまだ小さかったので目一杯甘えていました。

私は月の半分しか鳥取にいませんでした。私が不在の間は、子どもたちを自分たちだけで生活させるようにしていました。ですから、私が帰ってきたときは、その間の出来事をたくさんしゃべってくれました。聞いているのが大変なくらいでした。

私にとっては、産んだ子どもではありませんでしたので、どう親しくなりどう育てていけばよいか、分からないことばかりでとまどいました。義理の母親であるゆえに、それに伴う悩みは多くありました。また一方では、実の母親が味わうような心配や気苦労もたくさんありました。単車に乗って出れば出たで心配しますし、学校の成績や、進学、就職もまた心配の種でした。

そして大きくなってくれば反抗期に入りますから、これはこれで相手をするのが一苦労でした。言うことを聞いてくれるとは限らないからです。育てていて思うようにならないいらだちや、不満はたくさんありました。しかし私なりに、目一杯愛情を注いで育てたつもりです。

私が鳥取にいないときは、どのように子育てをしていたのかと言いますと、離れていても子どもたちのことはすべて分かっていましたので、何かあると遠くから指示を出していました。お稲荷さんが子どもの動向を教えてくださったからです。

例えばこんなことがありました。あるとき、お稲荷さんが「代、早く電話しろ。中の子がお風呂に飛び込んだ拍子に、釜にヒビが入ってお湯が出てしまっているぞ」とおっしゃったのです。

さっそく電話しますと、長男が電話に出て「嘘やろう」と言います。それでしかりつけてともかく見に行かせますと、あわてて電話口までもどってきて「本当や、水が出ていてもうだめだ」と叫びました。大事にいたらずにすみました。

あるとき兄弟のうちの一人が、私の財布から百円をくすねたことがありました。そのときもすぐに神様が教えてくださいましたので、そのことを子どもたちに言いました。すると、三人が寄って怪訝《けげん》な顔つきでヒソヒソと話し込んでいました。「どうして分かったんやろう。百円ちょろまかしてもこれやから、何も悪いことはできんわ」。

こんなことがいく度もありましたので、三人は私を疑うことも私に口答えすることもなくなりました。父親は家にいませんでしたから、こんな私たちのことは何も知りませんでした。

私は子どもたちを怒ったことはありませんでした。理を説き、説教しただけでした。そのせいか私にはよくなついてくれ、私を信じて言うこともよく聞いてくれました。

そして、父親がほとんどいなかったにもかかわらず、ぐれることもなく、スクスクと育ってくれました。いまでもこの子たちは、「親父は何もしてくれなかった」とよく言います。

私は子どもたちを信用していましたので、家を出るときは家計簿をポンと預けて出ました。お金を渡しておき、すべて自分たちでやらせました。家事や女のすることもすべてできるようにしつけました。

最近は両親が共働きのために、おじいさんおばあさんが孫を育て、そのために孫が変になってしまうということがよくありますが、私は子どもたちをおばあさんから切り離し、独立して生活させました。

長男を大将にし、下の二人にはお兄ちゃんの言うことを聞くようにと言い渡しました。それで三人は協力しあって暮らしましたが、それでも一番下の子などは、上の二人に当たられていじめられます。かわいそうなので、下の子には犬をつけてやりました。下の子は、犬に当たってストレスを解消していました。

さきほど申しましたように、実家には口が不自由な義弟が同居していました。この人は途中からものが言えなくなってしまったのですが、頭はしっかりしていました。この人の面倒も私が見ました。

子どもたちはオッチャン、オッチャンと呼んで親しくしていましたが、オッチャンはお金を拾っても使うすべを知らないので、みんな私に渡してくれるような人でした。外で働いていて、稼いだお金はみんな持って帰ってきて私に渡してくれました。それで子どもたちにおやつを与えるときも、「これはオッチャンのおかげだよ」と言って、オッチャンも含めて平等に分け与えていました。またオッチャンを侮《あなど》ることは絶対にやめなさいと教えました。

私はこうして三人の子どもを育てました。結局この子たちを含めて、生涯に血のつながらない九人の子どもを育てたことになります[35]。

鳥取では漁業のほかに畑も作っていましたので、その手伝いはよくやりました。毎日寝るヒマもないほどの忙しさでした。事実、二～三時間ぐらいしか寝ていなかったように思います。人の四倍ぐらい働いていました。それで今も体がもっているといえます。私は何事も徹底してやらねばならぬ性分なので命を懸けてやります。ですから怖いものなしです。こういった労働もまた、行のひとつであったのでしょう。

十一　三丹支部の設立

山東町から福知山市に移ったのは、すでに申し上げましたように、昭和三十八年（一九六三）のことでした。福知山市では下柳町にあったSさん宅の一室をお借りして、神様をお祀りするようになりました。そして、鳥取と福知山を行ったり来たりする二重生活が始まりました。Sさん宅には、四年ほどお祀りしていました。

その後、私が長を務めていた扱所が支部に昇格しました。この支部は「三丹《さんたん》支部」と名づけました。昭和四十年（一九六五）四月十日のことでした[36]。

三丹とは、旧国名の但馬《たじま》、丹波《たんば》、丹後《たんご》のことではないかとお思いの方もいらっしゃるかもしれませんが、実はそうではありません。「三」は伏見稲荷大社のお山を意味しています。お山には一ノ峰、二ノ峰、三ノ峰の三つの峰があり、そのためにお山を三ヶ峰《みつがみね》ともいっています。「三」はこの三ヶ峰のことです。「丹」とは古代に「に」と読み、赤系統の色を意味していました。つまり鳥居の朱《しゅ》の色のことなのです。

御膳谷神蹟

したがって、三丹とは、〝山の中に輝く朱の鳥居〟という意味で、御膳谷に輝く支部でありたいという私の思いが込められています。三丹支部ができたとき、神様は「この名前に恥じぬよう、大神を師とも親とも思って、何事も任《まか》せよ」とおっしゃいました。それ以来、私は身も心も大神様に捧《ささ》げ、大神様を信じきって、一生懸命に生きてきました。ただ、本当につたないゆえ、自分では頼りないものだと恥ずかしく思っております。しかし、神様はいつでもそれでよいとおっしゃってくださいました。

三丹支部ができると、教会を建てようと信者さんがおっしゃってくださるようになりました。そして、福知山市内の前田という地区に大きな教会が完成しました。この前田というのは、市の中心からはいささか離れたところにあります。昭和四十一年（一九六六）のことでした。[37]

そこで、すぐに神様をお祀りし、お礼を申し上げたのですが、意外なことに神様は「なんでこんなものを建てるのだ。私はイヤだ。長くはいないよ」とおっしゃいました。また、おかしなことをおっしゃると思っていましたら、八年ほどして同じ市内にある内記《ないき》稲荷神社よりお迎えが来ました。

こうして内記稲荷神社に移ることになったのです。せっかく大きな教会を建ててもらったのに、八年で内記稲荷に移ってしまったので、どうしてなのだろうと皆さん不思議がられました。

前田にあった教会は、それからうまくいかなくなり閉鎖されてしまいました。いまはその跡地にスーパーが建っています[38]。

　前田の時代、私は裁判所の調停事件にかかわったことがありました。昭和四十二年（一九六七）か四十三年ごろだったと思います。ある信者さんのご主人がノイローゼになられ、首をくくって死ぬ、死ぬと口走られるので、困ってしまい相談に来られたことがありました。

　お稲荷さんにうかがうと、「仕方がないな、これは。六月二日に事故や」とおっしゃいました。「事故しか治す方法はない。そうでなければ死ぬ」とおっしゃるのでした。また無茶な話だと私は呆れました。それで、その方のおいのＩ君に「おじさんの事故に気をつけていなさい」と言いました。

　すると、六月二日ピッタリの深夜に連絡が入りました。おじさんはひき逃げにあったのでした。その日は雨が降っていました。おじさんは暗闇の中を自転車で走っているときに、当て逃げされたのでした。

　さっそく病院に運び込まれると、お医者さんに「首の骨が折れているので助からないだろう」と言われたそうです。しかし、お稲荷さんにうかがうと、「急所を外れているから大丈夫だ」とおっしゃいました。

おじさんは、意識不明でしたが、お稲荷さんは「患部を冷やしておけばいい。寝かせておきなさい。寝かせておくために事故にあわせたのだぞ」とおっしゃいました。案の定、おじさんは三カ月間入院したあと、ケロリとして退院しました。[39] ノイローゼは完全に治っていました。

一方、ひき逃げの犯人が見つかりましたので、裁判所で調停に持ち込まれました。犯人は、ある自動車販売会社の若い社員Ｙ君でした。しかもひどい話ですが、双方、賠償金をめぐって互いに譲らず、調停は一向に終わりませんでした。ところが、販売会社では、幹部が罪を逃れるために、すべての罪を、ただ運転させていたにすぎない若い社員になすりつけていたのです。

事の真相はこうでした。その会社の舞鶴《まいづる》市と福知山市の営業所長が栄転することになり、合同で祝賀をかねた送別会を某所で催したあと、二次会のために福知山市に向かう途中で、誤っておじさんを轢《ひ》いてしまったというわけです。その運転は若い社員のＹ君がしていました。もちろん全員酒が入っていたのです。しかも、轢いておきながら、被害者をおっぽり出して逃げてしまったうえに、また酒を飲みに行っていたのですから呆れたものです。そのうえ自動車は修理に出して証拠を隠滅し、Ｙ君に轢いた人間を置き去りにして逃げろ、という指示を出したにもかかわらず、すべての罪をＹ君になすりつけて知らぬ顔をしていたのでした。

私は神様からそのいきさつをうかがっていましたので、すべてを知っていました。そこでおじさんが、調停がなかなか進まないがどうしたものでしょうかと言って来られたときに、Ｙ君が可哀想でしたので「双方、欲が深いから、いくらやっても片がつかないのや。私が出てあげる」と言って、裁判に出ることを引き受けたのです。

調停委員会で、私は販売会社のお歴々や会社の雇っている二人の弁護士、それに調停委員の方々を前にしてこう申し上げました。

「仮にも自動車を売っている会社の偉い人たちが、酒を飲んでから自動車を運転し、しかも人を轢いておいて逃げ回るとはなにごとですか。そして、二十やそこらの若い社員に罪のすべてをなすりつけておいて、知らぬ存ぜぬを決め込んでいる。だいたい若い人が、雨の降る暗い日の深夜十二時も回ろうかという時刻に、一人で車なんか運転していると思いますか。私にはすべて分かっていますから、次に委員会に出てきたときは、逃げろという指示を出した人たちの本当の名前を言います。人間はだませても神様はだませませんよ」

そう言って帰りました。そのあと裁判所では、あれは何者だと言って大騒ぎになったそうです。販売会社の人たちはもとより調停委員の人たちも、お稲荷さんのことも私のこともまったく知らなかったのでした。

次の調停委員会に出ると、相手方は幹部連中が平身低頭《へいしんていとう》で自らの罪を認め、賠償金は全額支払うと言ったうえに、おわびに自動車一台まで付けると言いました。Y君のお母さんには感謝されました。

このころ、もうひとつ別の調停事件にも関係しました。

Ｓさんという信者さんが、立ち退きを迫られたことがありました。「地主に立ち退き料五十万円を支払うから出て行ってくれと言われているが、出て行っても住むところがない」と言って相談に来られたのでした。しかも期限が十一月ということで、目前に迫っていました。「それまでに別の所に土地を買って、家を建てて今の所を明け渡すのは不可能だ」とおっしゃるのでした。それで困って調停にかけておられたのです。

神様にうかがうと、「心配しなくてもよい。間に合うように建ててやる」とおっしゃいました。

そのことをＳさんに伝えますと、「そんなことは無理だ。できません」と言って、はなから信用されませんでした。それを無理やり「まだ神さんが信じられないのか。私が必ずうまくいくようにしてあげる」と言って帰しました。

私は信者さんで建築関係の仕事をされている方を思い出して声をかけてみました。すると、その方は舞鶴から来ている会社を紹介してくださいました。「そこなら何とかやってくれるかもしれない」ということでした。すると、その会社はすんなり引き受けてくださり、すぐに土地を手当てして工事にかかってくださいました。そして、十一月きっかりで、アッという間に一軒建ってしまいました。Sさんは路頭に迷わずにすみました。

同じくこのころだったと思いますが、大きな台風が来て大雨が降り、ものすごい被害が福知山一帯でも出たことがありました。[40] ことに由良《ゆら》川沿いの地区は、一面水浸しの大きな被害を受けました。台風が来る前に、神様はDさんに、「今度台風が来て牛が流されるから気をつけろ」と言われました。

実際、台風が吹き荒れてみると、Dさんの牛の四十頭中二十六頭が、下流の大江町《おおえちょう》（現、福知山市）の方まで流されてしまいました。ところが、不思議なことに、それが全部戻ってきたのです。[41] このことは新聞に出たりして評判になりました。

十二　歌詠む日々

再び鳥取での生活に話をもどします。

船乗りという仕事は、海の上での仕事ですから危険が多く、遭難者や死者がずいぶんと出ました。遭難で生き残った船長が自殺したこともありました。海の仕事は、このようにいつも死と向かい合わせでした。

ですから天候がいつも気になりました。ことに台風が接近して来たときや低気圧が近づくと、海に出ている主人の身が案じられました。また西風が吹けば吹いたで、冬は冬で、漁場に出ている身が案じられました。

実際に昭和四十二年（一九六七）の三月には遭難してしまいどうしようかと思いました。一晩中神様に祈っておりましたが、船が沈んだだけで乗組員全員が無事帰還し事無きを得ました。

私たちはすれ違いの生活を続けていましたので、連絡を取り合うのも一苦労でした。私は置き手紙をして出たりしておりましたし、主人は寄港地から荷物を送って来たり、その中に手紙を入れたりしていました。

子どもたちは、ドンドンと大きくなってゆきました。背丈もすぐに父親を追い越してしまいました。子どもたちの成長を見るのは、何よりの楽しみでした。途中から子どもたちの母親になったため、分からないことが多くて悩みましたが、大きくなればなったで、進学、就職、恋愛、結婚と心をわずらわせるタネは尽きませんでした。

子どもたちの進路は、それぞれが中学になったときに決めてしまっていましたので、あとは迷うことなくそれ一本で進ませました。しかし、受験ともなればそれなりに心配しましたので、神様にお祈りしておりました。ですから、無事合格したときは喜びも一入《ひとしお》でした。

大きくなってくると、子どもたちは受験勉強で夜遅くまで起きているようになりましたので、私も一緒に起きていて夜食を作ってやったりしておりました。そして朝は早くから浜に出たり家事をしたりで、体の休まる暇がありませんでした。港の朝は早く、午前二時にはもうサイレンが鳴りました。

山の中の町から突然海辺の町の生活に変わったために、生活は大きく変わりましたが、私は海が好きで、心が鬱屈《うっくつ》してくるとよく海を見詰《みつ》めに浜に出て行きました。毎日一度は浜に出て海に向かっていました。海には海の自然のよさがありました。

こうした生活のなかで、義理の父が亡くなりました。昭和四十二年（一九六七）でした。八十をかなり過ぎて、二週間の昏睡《こんすい》の果てに痩《や》せ衰えて死んでいきました。私は最後まで看取《みと》りましたが、義父も私を頼りにしてくれました。

悪いことは重なるもので、義父が亡くなった一週間後に主人が入院してしまいました。私が今日は日が悪いからよしなさいと止めたにもかかわらず、単車で飛び出していき事故にあってしまったのです。鎖骨を折って病院に運ばれました。それがもとで、一年間も入退院を繰り返し働くことができませんでした。

ついで私が患って入院しました。その後遺症は長く残り苦しみました。主要な働き手二人が同時に倒れたわけですから、一番苦しい時期でした。しかもこの時期は、子どもの就職や進学が重なり経済的にも大変でした。

そんな事情と重労働が重なったためでしょうか、この前後には別の大病も患い何度か死にかけました。それで福知山に行けないときもありました。

まず鳥取に来て間がないころに、胃ガンになりました。このときは手術をしろと医者に言われました。でないと助からないというのです。手術をするかどうか迷いました。するとお稲荷さんが「アロエを飲め」とおっしゃいました。いまのように、健康雑誌でアロエがブームになるずっと前の話です。

そこで私は、アロエをしぼってコップに毎日三分の一ぐらいずつ飲み続けました。そして六カ月ほどして病院に検査に行きますと、何とガンはきれいに治っていたのです。医者が驚いたといったらありませんでした。理由を聞かれましたが、言うわけにもいかず黙っていました。アロエはほかのことにもよく効きます。例えば熱取りに効果があります。私は早くからこのことを神様に教わっていましたので、歯痛などの熱を伴った痛みのあるときは、患部にアロエをむいて張り付けていました。信者さんにもお奨めしました。

今日、健康雑誌でアロエの特集などをやっているのを見ますと、なにをいまごろとおかしくなりますが、ではお稲荷さんは、どうしてこんなことを御存知だったのだろうかと思いますと不思議です。

話は戦後のことに戻りますが、戦後は食料事情が悪かったので、胃を病む人がたくさんおられました。薬も今のようにいいものがありませんでした。このときもお稲荷さんは「キャベツの芯《しん》を煎《せん》じて飲むとよい」とおっしゃったのです。それで信者さんに奨めましたが、なるほどよく効きました。

後年キャベジンという薬が売り出されましたが、どうしていまごろこんな薬が出たのだろうと不思議でした。キャベツが効くなんて、私たちにしてみれば当たり前のことだったからです。

しかし、なぜ神様はこんなことまで御存知だったのでしょうか。

ついで昭和四十四年（一九六九）ごろに肝臓をやられました。体がだるく、さすがにこのときは死を覚悟しました。入院もしました。しかし、神様の御神示で、板の上に二年間寝て、キャベツとキュウリばかり食べて治しました。長病《ながや》みでした。

また、昭和四十一年の夏にも過労で倒れて入院しましたし、昭和四十八年にも入院して手術をする[42]など、病気はよくしました。私はガンバリすぎて無理を重ねてしまう性分なので、どうしてもこうなってしまうのです。ですから、寝込んでしまうたびに、周りの人からは少しは休めと言われるのですが、それでもつい働いてしまうのでした。

この時期は、親しかった人を何人か亡くしました。昭和四十二年には叔母が亡くなりました。昭和四十四年の四月には、かわいがっていただいた若いときの婚約者[43]のお母さんが、事故で亡くなりました。戦後ずっとおつきあいしていただき、ほかの人には語れないこともずいぶんと聞いていただきましたのでショックでした。そのお母さんの病床から、婚約者と私とが写った写真が出てきました。

ついで若いころのお花の師匠であった尼さんが、山寺でひっそりと長患《ながわずら》いの末に亡くなりました。この方も心の友といったところがあり、忙しい生活を逃れてこの山寺を訪《と》うことは、安らぎの一時《ひととき》でした。

こういった日々での私の気晴らしと楽しみは、短歌を詠《よ》むことでした。私は子どものころから短歌が好きで、よく歌集を読んでいました。与謝野晶子《よさのあきこ》や石川啄木《たくぼく》、岡本かの子などが好きでした。ですから、こういった歌人をまねて情熱的な短歌を詠み、先生方からいつまでも若い砂澤さんとよくからかわれました。

短歌を詠むようになったのは四十を過ぎてからで、お寺の住職で歌人でもあられたある方[44]のお書きになった本を読んで、その先生の主宰されていた雑誌[45]に短歌を投稿し、通信教育を受けるようになったことが始まりでした。

投稿した短歌は、いつも真っ赤になって添削《てんさく》つきで返ってきましたが、送り返されてきた批評文や送られてきた雑誌を読むのは、つらい生活のなかで心が安らぐ一時でした。いつも送り返されてくる添削・批評文を心待ちにしておりました。同人《どうじん》による年に一度の歌会[46]が山口県長《なが》門《と》市の湯本《ゆもと》温泉で開かれていましたが、この会にはよく出席しました。

また「丹波歌人」という雑誌の同人にもなりました。これも四十過ぎてからのことでした。こちらは城崎などで、よく歌会をやっておりましたので出ておりました。鳥取で開いたこともあります。

ただ残念なことに、後年、福知山に完全に移ってしまってからは、多忙を極めるようになり、短歌を詠むことからしだいに遠ざかってしまいました。

歌を詠むことは、私にとっては信仰にもつながることでした。また生活のなぐさめ、息抜きでもありました。鳥取時代は主人が家を空けておりましたし、夜は子どもの受験勉強につきあって遅くまで起きていましたので、一人になれる時間が多くありました。その一人の時間を利用して、雑誌を読んだり、一番下の子に辞書を引かせながら作歌に励んだりしました。

それでこのころは、短歌を作るために、どこに行くにもポケットにメモを忍ばせていました。また旅に出るときは、カバンの中にいつも雑誌を入れて持ち歩いておりました。仕事の合間に、メモを取り出して書きつけたりしていました。

この時代は、山口県と九州に三丹支部の扱所を作りました[47]。その関係で山口県や九州にはよく出かけました。その間にも短歌を詠みました。鹿児島県北部の霧島《きりしま》、山口県長門市の大内《おおうち》一族滅亡の寺や福岡県柳川《やながわ》市の北原白秋《はくしゅう》の生家などを訪れて詠んだものが残っています。

また、一方では、福知山へ、京都へと出かけておりました。忙しくて病気をよくしたのに、どうして時間を作ってあちこちへと出かけることができたのか、いま思えば不思議でなりません。

十三　内記稲荷神社に移る

すでにお話ししましたように、昭和四十一年[48]（一九六六）、京都府福知山市の前田に大きな教会を建てていただき、そこで神様をお祀りしておりましたが、神様は「ここは嫌いだ。長くはいない」とおっしゃるので不思議に思っておりました。

すると、福知山市内にある内記稲荷神社から「外《げ》拝殿《はいでん》を新築するからお祭りをして欲しい」と言ってお迎えがありました。昭和四十八年のことでした。私はすでに五十一歳になっていました。

この神社には、専任で神様をお祀りする宮司さんがおられませんでした。それで代わりに私が呼ばれたのでした。全国の神社のほとんどは神社本庁の管轄下にありますが、神主のいない神社は近くにある大きな神社の宮司さんが兼務して管理しておられます。一人で数十もの神社を受け持たれており、ときどき回って来られてお祭りをしておられます。

神社にはたいてい奉賛会《ほうさんかい》がついて世話をしています。奉賛会というのは神社のある町内の住

内記稲荷神社の外拝殿

人の集まりで、会長はたいがい区長さんが一年交替でなっておられます。内記稲荷ですと奉賛会は六百人ぐらいおられます。

内記稲荷の場合、その奉賛会があったにもかかわらず、ほとんど何の世話もされずにほったらかしにされていました。社務所は建て替える以前は古いものでしたが、集会所代わりに使われたり、碁会所《ごかいしょ》になっていました。

また、私が住むことになった神社の側の家は、近くにある役所の官舎として使われており、神社とは関係のない人が住んでいました。このように、私が呼ばれたころには、神社全体がメチャクチャになっていました。

外拝殿新築に当たっては、伏見稲荷大社におられた奥村禰宜《ねぎ》様がお見えになり、ここの神様についてお調べになりました。その結果、内記

朽木公奉納の額

稲荷神社には、豊受《とようけ》のお神様と豊川《とよかわ》のお神様が入っておられることが分かりました。

　この神社は、江戸時代の寛政《かんせい》四年（一七九二）に、福知山城主だった朽木昌綱《くつきまさつな》公が、伏見稲荷大社より豊受のお神様を、豊川稲荷（現、愛知県豊川市）より豊川のお神様を勧請《かんじょう》され、お城の一番北の隅にあった小高い丘の上にお祀りされたのが始まりです。その後、内記一丁目から六丁目の商店街の発展を祈られて、今の場所に移されたのでした。その証拠として、内記稲荷の入口には、現在も朽木昌綱公の建立された石の鳥居が残っており、朽木公が奉納した額も上がっております。

　お迎えをいただいてから、私はこの神社のお世話をすることになりました。内記稲荷の話が決まったとき、神様は「どれほどこの日を待っていたことか」とおっしゃって喜ばれました。神様は、外拝殿ができるまで待っていらっしゃったのでした。それで福知山に行きたがられたのでした。

内記稲荷の話が決まってから、私は単身で神社の側に移って来ました。ですが、まだ完全に鳥取を引き払ったわけではありませんでした。その後もしばらくは、鳥取と福知山を行き来しておりました。

そして、三人のうち末っ子だけは福知山に連れて来ました。この子は中学生になっていましたが、まだ手がかかったからです。そして同年の春に、舞鶴の高専に無事合格しました。上の二人はすでに就職していました。

昭和四十八年（一九七三）五月三十一日に、長男が結婚し、鳥取の実家を継ぎました。このころ、口の利けない義弟を看取りました。義弟は最期に水を乞い、私の手を握りながら息を引き取りました。義弟が哀れでなりませんでした。このような出来事があり、私は義母としての役割は全うしたと考え、子育て終了ということで、完全に福知山に移ることにしたのでした。子どもが育ったので、肩の荷は下りました。

ところで主人はと言いますと、同年ついに船を下りる決心を固め、完全に〝陸《おか》の人〟となってしまいました。そして福知山にやって来て、支部の仕事や神社の仕事を手伝ってくれるようになりました。こうして福知山と鳥取を行き来する二重生活には、終止符が打たれました。

内記稲荷に移って来てから、神社の側にあった官舎として使われていた建物に住むようになりました。その後、ここを取り壊して新しい住まいを建てました。十年ほど前のことです(49)。

それからの生活は、以前にもまして多忙を極めるようになり、毎日の睡眠時間が三、四時間の連続でした。午前三時ごろには起きだして神様をお祀りします。そして、朝の八時ごろから社務所でおみえになった皆さまの相談を受け、御祈禱をし、神様の御神示をお伝えします。これは昼過ぎまで続きました。その間、座りづめで水一杯口にしません。

相談の内容は実にさまざまです。病気、進学、就職、縁談、商売のこと、家の中のさまざまな問題、出産、不動産の売買、仕事の悩み、転職などなど、毎日実にたくさんの人がおみえになりました。

午後は午後で、地鎮祭などさまざまな神事に呼ばれて出て行きました。自転車で市内を走り回っていました。夕方からも、信者さんがお供えを届けに立ち寄られたり、さまざまな用事で来られます。この間に電話がたくさんかかってきますし、三丹支部の仕事もこなさなくてはなりません。

このように毎日毎日朝早くから夜遅くまで、神様中心の生活でした。ですから一日中、白衣袴《ばかま》の正装で暮らしておりました。白衣を着けていると神様が降りて来られるからです。

こうした日々の仕事にくわえて、内記稲荷神社の月々のお祭りも行わなくてはなりませんでした。これがなによりも大切なことでした。この準備だけでも多額の出費と準備の時間が必要です。月次祭《つきなみさい》では、特別な行事をする月もありました。二月の節分祭、十一月のお火焚《ひた》き祭などがそれです。これにはこれでまた特別な用意が必要でした。

こうした多忙な日々の合間を縫って、伏見稲荷にも大きなお祭りがあるたびに、必ずお参りに出かけておりました。出かけると、いつも数日間は逗留《とうりゅう》して帰って来ませんでした。

神社が比較的暇《ひま》になるのは夏でした。この時期には、信者さんたちとの交流を深め親睦を図るために、よく各地へ旅行に出かけました。ですが、これはたんなる旅行ではなく、有名な神社やお寺にお参りして行をするのが目的でした。このように、どこに行くにも行、行の生活でした。

豊川稲荷へはバスを借り切ってよく出かけました。ここには、岩の上に黒の眷族さんを三対《つい》計《けい》六体お納めしました。(50) 豊川さんが内記稲荷に勧請されていますので、その関係でよく参りました。ここで千願心経《せんがんしんぎょう》をあげておりますときに、何万もする金のお経がひとりでにパラパラとめくれ上がったりする不思議なこともありました。

高野山では奥のお滝場で行をしました。とても冷たい水でした。行をするたびにおかしなことが起きるので、信者さんたちは大騒ぎでした。弘法大師様がまだ生きておられることが分かりました。

また西国《さいごく》三十三番札所《ふだしょ》には、すべてのところにお札を納めに参りましたし、四国の八十八番札所にも数カ所お参りしました。竹生島《ちくぶしま》（琵琶湖北部の島。西国三十番札所）では、たくさん神さんや仏さんを背負った人が来たぞと感心されました。四国の一番札所では、広島から来た団体に読経《どきょう》で勝ってしまったこともありました。

真言宗のお寺には、どこに行ってもお稲荷さんがお祀りしてありました。これは伏見稲荷と東寺の関係と同じです。霊の世界はつながっているのだ、ということがよく分かりました。

そのほか奈良県の橿原《かしはら》神宮などにもお参りしました。忙しいのに、よくあちこちと参れたものだと思います。

この間に信者さんはどんどん増えてゆき、最盛期には八百人を超えてしまいました。いま信者さんは日本全国におられます。しかし、こんなに増えてしまうと、とてもではないですが、行き届いたお世話ができなくなってしまいます。このあたりが限界でした。いまは三百五十人を超えるぐらいです。

こうした毎日の生活で、一番困るのが電話です。のべつ幕なしにかかってきます。しかも皆さん長いのです。なにしろ自分のことで夢中ですから、話しだすと止まらないのです。また皆さん自分に困ったことが起きると、深夜だろうが人の迷惑も顧《かえり》みずに電話をかけてこられます。私がいないと、なぜいないのだと言って怒りだす人もいます。そんなときは神様も、「もういいかげんにしておけ」とおっしゃいます。

それに、まっとうな内容の電話ならいくらかかってきても構わないのですが、なかにはとんでもない内容のものも多いので困ってしまいます。「押し入れの戸を開いてみたら、娘が手首を切っていた。どうしたらいいんでしょうか」といった、サスペンスドラマ顔負けのものまでかかってきます。そんなときは、「それは私のところではなく病院にかけなさい。まず救急車でしょう」と言います。

また、親しくしているお寺さんからも、相談に来られた人を持て余してしまい「どうしたらいいのか分からないから、そちらで預かってくれませんか」といった電話がかかってきます。呆れて物が言えません。

内記稲荷での毎月のお祭りには、たくさんの信者さんがお供えを持って集まって来られました。そのお供えを神前に並べて、お祭りが行われます。一人ひとりが玉串《たまぐし》を捧げ、全員で祝詞を奏します。

お祭りが終わると、参拝された信者さん全員に、お供えを分けてお持ち帰りいただきます。また、ささやかながら食事を出し、お供えのお神酒《みき》を飲んでいただきます。こうして座は盛り上がり、楽しい会が始まります。

座が盛り上がると、ときどきおかしなことが起こりました。神様が喜ばれて降りて来られることがあったのです。そのときは、面白いことをやって見せてくださいました。それを信者さんたちが見ておられて驚かれるのですが、私は神様が降りて来られると、何も分からなくなってしまいますので、いったい何が起こっているのかまったく覚えていませんでした。あとで信者さんたちからうかがって、びっくりしました。

例えば山東町時代にこんな話がありました。私はお酒が飲めませんが、お祭りのときに神様が降りて来られると、お酒が飲めるようになってしまうのです。これは神様がお飲みになっていらっしゃるからです。それを見ていた呉服屋のご主人が、不思議そうにしげしげと私の喉元《のどもと》を凝視され、「やはり先生の口に入っている」と言われたことがありました。普段は一滴も飲めない人間が、突然どうしてこんなにたくさんの酒が飲めるようになってしまうのか、皆さんとても不思議だったようです。

あるときはお酒を五升飲んだこともありました。なのに全然酔いませんでした。お腹もふくれていません。気がつくとけろっとしていました。

鬼まんじゅうという名物のおまんじゅうを、たくさん食べたこともありました。それもアンコばかり食べるのです。しかし、我に返ってみるとお腹がすいているのです。不思議でした。生卵をたくさん食べたこともありました。六十個以上あったと思います。見ておられた信者さんのお話では、取っては食べ、取っては食べ、という感じで、殻をぽいぽい捨てていくのだそうです。その殻には、二個の小さな穴が開いていただけで、中味は空っぽだったそうです。

これはすべて、神様がお召し上がりになっていたのです。そのときの私の表情は、実にきれいなものだったそうです。

神様はいたずらもよくされました。いつだったか、福知山からお供えにと特級酒をさげて山東町にお参りになった方がおられました。ところがそのお酒を注ごうとすると、半分しか入っていませんでした。「栓を一度も開けてないのに、不思議だ。どうしてなくなっているのだ、誰が飲んだのだ」と大騒ぎです。神様が飲んでしまわれたのでした。

このように、午前中の相談のときとはちがって、お祭りのときは、お山同様に不思議なことがよく起こりました。

十四　お塚を建立する

私は本社で大きなお祭りがあるたびに、伏見稲荷へお参りしています。一年間に最低でも六回は参拝しています。伏見稲荷では年間を通じて大きなお祭りが何度もありますが、私はそのすべてのお祭りにかかさず出ております。おそらく、私ほど休まずに参拝している者はいないと思います。

伏見稲荷の大きなお祭りには、お正月の初詣《はつもうで》と大山《おおやま》祭、二月の節分祭と初午祭、五月三日のお旅所から御神輿がおかえりになられる還幸《かんこう》祭、十月の講員大祭、十一月のお火《ひ》焚《た》き祭などがあります。小さなお祭りにいたっては、それこそ無数にあります。

お祭りでは必ず本殿などで祭典があります。私は参っておられる講員さんたちとともに参列します。

伏見稲荷に参るときは、たいてい講員さんたちと一緒です。昔は列車で京都まで来ていましたが、最近は信者さんが車で送り迎えしてくださいますので大変助かっています。

　泊るところはいつも決まっていて、本殿右手前の参集殿《さんしゅうでん》というところです。この建物は、昭和三十八年（一九六三）に新築されました。このときは、私も寄付を集めに奔走しました。内部の備品や什器《じゅうき》類もたくさん寄贈しました。ここもむかしは、遠方から来られる信者さんたちなどでいつも満員でしたが、いまは閑散としている日もあります[51]。

　参集殿に泊っていると、一緒に来た人たち以外の信者さんもたくさん訪ねて来られます。そのせいか、いつも私の部屋は賑やかです。参集殿の職員さんたちが「三丹支部の部屋は賑やかだね、どうなっているの」とよくおっしゃいます。

　また、私たちとは別に、福知山などから日帰りで出てきて、祭典に参列し、お山をして帰っていく信者さんたちもたくさんおられます。こういった方々が、挨拶に部屋に立ち寄られることもあります。


　伏見稲荷のお山には、石で造られた祭壇のようなものが全山いたるところで目につきます。これをお塚と呼んでいます。

　稲荷山には、現在、万を超える数のお塚があります。お塚にはさまざまな神様の名前が書かれ、お灯明が上げられ、お供えがされています。この神様のお名前は、お塚を建立した人たち

三丹支部のお塚と砂澤

がお祀りしている神様のお名前なのです。

お塚は、神様がお山に帰られたときのお休み所、霊の宿られるところであり、建てた信者さんたちや、その関係者たちが伏見稲荷を参拝したときにお参りし、自分たちのお祀りしている神様を拝むところなのです。

なぜお塚を造るのかと言いますと、自分たちのお塚を持っていると、伏見稲荷に参拝したときに、いつでもほかの人にじゃまをされずに、自分たちのお祀りしている神様を拝むことができるからです。お塚のない人は、ほかの人の造ったお塚を拝んで回るしかありません。

私は三丹支部の発展を願って、前田の時代、昭和四十四年（一九六九）から御膳谷にお塚を造り始めました。それは神様の御命令でもありました。最初は三丹支部のお塚を造り、続いて講員さんたちのお塚を造りました。現在七基目まで完成しております。

七基目は平成十四年（二〇〇二）に造りました。世の中は不況が続いているときでしたから、こんなご時世によく造るものだと感心されました。

七基のうち一基目の三丹支部のお塚には、豊川と豊受のお神様がお祀りしてありますが、ほかのお塚には講員さんのお宅で祀られている神様がお祀りされています。

お塚を一基造るのには、多額の費用がかかりますので、個人で造るとなると大変です。それで何人かが、共同で造られたお塚もたくさんあります。三丹支部の場合もほとんどがこれです。ですから、お塚にはたくさんの神様の名前が書かれています。


私は最終的にお塚を八基造りたいと思っておりました。「八」は末広《すえひろ》がりで縁起がいいからです。これも神様のご命令でした。でも、それがいつになるのかは見当もつきませんでした。ところが、平成十六年（二〇〇四）になって突如その申し出が舞い込んできたのです。希望者は、鳥取でネギを作っておられるＭさんでした。この方は、ネギ作りだけで鳥取で長者番付に載るほどの収入を得られるようになりました。

そのＭさんが、年が明けてから電話をしてこられました。そして「毎年お参りしているお伊勢さんに今年も参って、例年同様たくさんのお供えをしましたところ、『もう十分にお供えをしてもらったので満足だ。ここはもういいから、今度は伏見稲荷のほうにしてやりなさい』という神様の声が突然聞こえて来ました。何かできることはないでしょうか」とおっしゃったのです。

私は即座に、八番目のお塚を造ることをお奨めしました。「八番目だから末広がりで縁起がいいし、これを造るともっと運が開けます」と申し上げました。するとMさんはすぐに同意されました。一基を一人で造られるのですから大金が必要ですが、アッサリと承諾されました。

Mさんはこのとき、「自分はゼロから出発して、神様の御神示に従って、神様を信じてコツコツと働いてきたにすぎません。自分が今日あるのは神様のおかげです。だから神様にお礼するのは当たり前のことです」と付け加えられました。

こうして神様がお塚を八基造れとおっしゃっていたとおりになってしまいました[52]。

最近は体力的に無理なことも多くなりましたが、以前は伏見稲荷にお参りするたびに、必ずお山をしてお塚に参拝しておりました。いまのところ、三丹支部だけで七基のお塚をもっていますので、お祀りするだけでも三時間以上かかってしまいます。そのうえ、御膳谷に辿り着くまでにもいくつかの神蹟やお塚に参拝しますので、まさに一日がかりです。講員さんたちとたいていはご一緒です。

お塚にお参りしますと、お灯明を上げてお供えをし、祝詞を奏します。終わると神様がいろいろなことを教えてくださいます。ともにお参りしている信者さんに関することもあれば、世の中これからどうなるかといったことも話されます。

全山をまんべんなく拝んで回るため、神様はさまざまなことを教えてくださるのです。私には教えても大丈夫だと神様は信用しておられますので、すべてのことを話してくださいます。私は何を言われても、そのことを悪用したりはしませんし、言ってはならないことは決して言いません。

お山をしているときは、信者さんたちのことを拝みながら歩いています。すると神様の声が聞こえて来ますし、奇跡が起こったりします。その声を私から聞きたいために、信者さんたちは私と一緒にお山をしたがられます。

お塚では、コンクリートの地面の上にゴザを敷いて座って拝みます。夏は暑いし冬は寒いので信者さんたちは大変です。冬などは雪がハラハラと舞い落ちてくるときもあります。それでも止めません。信者さんのなかには、底冷えで歯の根が合わなくなり、ガタガタと震えている方もおられます。これも大切な行なのです。

夏は地面が焼けていますので、ゴザを敷いて座っていても熱くてジッと座っていられないこともあります。現に地面に接していた足の部分が、軽度のやけどで真っ赤になった人もいました。それにコンクリートでゴツゴツしていて痛いのです。

ですから、こんな悪条件のもとで祝詞を上げていると、なかなか集中できない人もおられます。しかし、私は行を積んでいますので、どんなにガタガタの地面の上に座っても、何時間でも平気です。雪が降ろうが雨が降ろうが、これぐらいのことではびくともしません。集中できない人はまだまだ行が足りないのです。

お塚ではおかしなことがたくさん起きます。お塚を建てておられる信者さんたちの先祖の霊が出てこられることもあります。皆さん子孫のことが心配だったりするから出てこられるのです。

タバコの好きだった方の霊が出てこられたりすると大変です。煙で私がせき込んでしまい、祝詞を上げることができなくなってしまうからです。一度そんなことがあって私がむせていると、後ろにおられた何も知らない人が、「どこかで煙でも出ているのですか」と不思議そうにされました。こういったことは、普通の方には感じられないことなのです。

また、ときには酒飲みの方が出てきて、酔っ払ってほかの霊とケンカしたりもします。これもかないません。

あるとき、信者さんと二人でお滝を受けていたことがありました。すると遠方の信者さんから緊急の電話が入っており、すぐに来てくれという連絡が入りました。何だろうと思って、参集殿の受付まで下りて行くと、ある人が行方不明になったので探して欲しいという内容でした。

そこでまた御膳谷に上り、その人の名前と生年月日を紙に書いて、お塚に供えてお願いをしました。お滝を終えてから再度お塚に行ってみますと、その紙片がなくなっていました。おかしなことがあるものだと思っていましたら、あとでその人の居場所が分かりました。神様が探しに行ってくださったのでした。

お塚では、お灯明を上げないと参ったことにはなりません。これは神殿でも同じです。お灯明はともしびともいいます。心を映すと言われています。たんに火を燃やしているわけではないのです。神様のご機嫌が悪いときは、お灯明はあまりよく燃えませんし、ついても消えてしまうことがあります。逆にご機嫌がよいと明々《あかあか》と勢いよく燃え上がります。

お灯明のことでは、巳《み》年の巳の日に不思議なことがありました。参集殿に泊っていたときのことでした。神様が「代よ、早く上がって来い」とおっしゃいました。それで、何だろうと思いさっそく御膳谷のお塚まで行きますと、なんとロウソクは燃え尽きてしまっているのに、芯が蛇の形をして残っていたのです。それが夜露《よつゆ》で光っていて、ウロコまであり、腹は白く背は黒いので驚きました。頭もそっくりそのまま細部にいたるまで残っているのです。目も口もありました。私は実に不思議なことだと思い写真に撮りました。いまも保存して自宅に飾っています。

お灯明は命《いのち》を映す火でもあります。人間の寿命もそこに現れてくるのです。私はお灯明を見つめながら、何人もの寿命を感知してきました。

お灯明の火は上り方だけでなく、燃えたあとのロウの残り方にも、お灯明を上げた人の性格が出ます。ロウはいろいろな形で残ります。変な残り方をする人は、偏《かたよ》ったおかしなところのある人です。私の上げたロウソクはすっきりした形で残ります。

お塚にはさまざまなものをお供えします。伏見稲荷の近くの食料品店から、新鮮な果物や野菜を買って上がることもあります。必ずお供えするのはお神酒です。神様はお神酒を好まれます。それに途中で、ゆで玉子を買って上がることがよくあります。なぜ玉子をお供えするのかというと、ミーさん[53]は玉子が好きだからです。それに神様は丸いものを好まれます。

このように私はいつもお塚にお参りし、神様とお話しして帰って来るのです。「お山をする」のは、私にとってかけがえのない喜びです。それは大神様のもとに帰ることだからです。

お塚を去るとき、私は「お稲荷さんさようなら、また来ますよ」と言って、お別れのご挨拶をすることにしています。

十五　内記稲荷神社を離れる

内記稲荷にお仕えするようになって、月日は矢のように流れてゆきました。気がつくと三十年が過ぎていました。本当にアッという間の出来事でした。その間、私は一生懸命に神様にお仕えし、実に多くの不思議なことが起こりました。たくさんの方々が命を救われたりして、たくさんのおかげをいただかれました。

一方、私の家族はと言いますと、次男は結婚して福知山の郊外に住むようになりました。三男は舞鶴の高専を卒業し、世界旅行に出てしまいました。帰国後、大手の電器メーカーに就職し、それから転職して、いまはコンピュータ関係の会社におります。結婚して、東京に住んでいます。こうして子どもたちはすべて独立しましたので、主人と二人だけの生活になりました。

私は昭和三十二年（一九五七）に四級教師、昭和四十四年（一九六九）に三級教師、昭和六十一年（一九八六）に二級教師、平成六年（一九九四）に一級教師となりました。教師の任用資格は、昭和四十年（一九六五）に「智階《ちかい》」をいただき、その後次々と昇格して、平成六年には最高位の「仁階《じんかい》」をいただきました。支部は昭和四十一年（一九六六）に三級支部に昇格しました。その後、二階級を飛び越して、平成四年（一九九二）に特級支部になりました。気がつくと支部も私も最高位を極めていたのでした。特級支部で支部長が一級教師というのは、私で六番目だそうです。

最高位をいただいた直後ぐらいから、神様はしきりとおかしなことをおっしゃるようになりました。それは、「日本は戦後五十年たったので、戦争で亡くなったあと祀られなかった霊が、これから生まれ変わろうとして暴れだす。そのためにたくさんの死者が出るだろう」ということでした。

そういえば思い当たることはたくさんあります。戦後五十年に当たる年（平成七年（一九九五））は、阪神淡路大震災（一月十七日未明）で幕を開けました。ついで三月二十日には、オウム真理教による地下鉄サリン事件がありました。

それ以後、日本は悪くなる一方でした。世界では戦争がいくつも勃発しましたし、テロや紛争もたくさん起こりました。倒産、失業、災害、殺人、事故、自殺者も相次いでいます。犯罪は増加の一途をたどっていますし、子どもによる殺人や犯罪も増えました。いま一年に三万人の自殺者が出ています。異常です。

このうち阪神淡路大震災では、私の信者さんは皆さん助かりました。

この地震のときは、事前に神様が知らせてくださいましたので、私は三日前から分かっていました。それで慌てませんでした。当日は早朝から、荷造りをしてバッグをそばに置いて待機しておりました。どこでどんな地震が起きるのかまでは分かりませんでしたが、揺れが来たときにはすぐさま家の外に飛び出しました。

私の信者さんで助かった人に兵庫県の西宮《にしのみや》市で看護婦をしているＴさんがいました。あとでそのときの話をうかがいました。

一月十七日の早朝に、夢に白衣を着た私が現れたそうです。私はその枕元に立ち、Ｔさんに「部屋の掃除をし、頭の向きを変えて寝なさい」と言いました。いつも「西枕はダメだ」と言っている私が、「東枕を西に変えろ」と言ったので、Ｔさんは変に思われたそうですが、とにかく掃除をして、頭を西にしてもう一度休まれたそうです。地震が起きたのはそのあとのことでした。

地震が起きたとき、部屋中の物が倒れてきたのですが、Ｔさんの頭はホームコタツの側にあったので、コタツに守られるかたちになって助かったそうです。

地震のあと、電話をしても通じないので、御両親が慌てて現地へ行かれると、アパートは倒れていませんでしたが、中はメチャクチャだったそうです。ですが、コタツの上には「大丈夫だ」という置手紙がありました。本人は元気で病院に出ていたのでした。

　またもう一人の信者さんは、洋服ダンスが倒れてきたのですが、扉が開いたので、そこに肩から突っ込んだかたちとなり、洋服まみれになりながらも無傷ですんだそうです。これが和ダンスだと死んでいたかもしれません。

　さらに、尼崎《あまがさき》市にいた青年は、地震が起こったとき、真っ先に電話をかけてきました。「周りのアパートは全壊したのに、僕のいたアパートだけは潰れずに残り、自動車も大丈夫だった」と言いました。

　一九九〇年代の後半になると、私自身の身にも徐々に変化が押し寄せてきました。私はすでに七十代の後半にさしかかっておりました。

　一番大きな変化は、主人が病で倒れたことです。主人は内臓を患っていることが分かり、平成十年（一九九八）に京大病院で手術を受けました。このときは、子どもたち三人が交代でつきっきりの看病をしてくれました。だが、主人は術後は車イスの生活となり、入退院を繰り返すようになりました。しだいにボケも入ってくるようになり、いつしか私のことも分からなくなってしまいました。

私は神様にお仕えしなくてはなりませんので、主人の世話が十分にできません。そこで、鳥取にいる長男のもとへ帰すことにしました。私が理由を説明しますと、私にはこれまで大変お世話になったので、最後は子どもたちで面倒をみますと言ってくれました。

　こうして主人は福知山を去り、私は一人になってしまいました[54]。寂しくなったことは言うまでもありませんが、なによりも困ったのは、これまで主人が引き受けてくれていた支部や神社関係の仕事を、すべて私がしなくてはならなくなったことでした。それでなくとも、信者さんたちのことや神様をお祀りすることだけで睡眠時間は三〜四時間という忙しさでしたので、主人の持ち分まで手が回るわけがありませんでした。

　どうしたものかと困っていると、しばらくして、神様がお手伝いの方を見つけてくださいました。ある方が、「何か仕事を探しているのですが、いいものはないでしょうか」と言って相談に来られたのでした。それでこれ幸いとお願いすることにしました。これで少し楽になりました。

　ところがさらに決定的な出来事が起きてしまいました。便乗させていただいた自動車が追突されて、重症のむち打ち症になってしまったのです。平成十一年（一九九九）七月二十四日のことでした。

しかし、少し事情があり、講員さんたちには、自動車に当てられたのではなく、「風呂場で倒れてむち打ちになったのだ」と申しておりました。

それから首の周辺に激痛が走り、頭痛や目まいに襲われるようになりました。衰弱はますますひどくなり、長時間仕事をすることができなくなってしまいました。さすがに社務所も閉めてしまいました。ただ、こんな状態でも、伏見稲荷にだけはかかさずに参っておりました。

神様は以前から「一九九九年七月二十四日に大変なことが起こる」と言っておられましたが、それが私の身に起こってしまったのです。実はこれは、ある大惨事が起こることの身代わりだったのです。

神様はそれから「これも行だ。二年間我慢しろ」とおっしゃいました。七十五歳を過ぎたというのに、まだ行の日々は終っていなかったのです。

行はともかくとして、早くむち打ち症を治さなくてはなりませんから、治療に通うようになりました。医者には行かず整体に通いました。医者にかかると注射をされますが、それを打たれるとお終《しま》いだと思っておりましたので、医者にはかかりませんでした。

でも、整体はものすごく痛いのです。首筋をもんだり伸ばしたりするのですが、悲鳴を上げたくなるほどの激痛が走ります。ですが、私は一度たりとも痛いとは言いませんでした。「こんな我慢強い人は初めてだ」と整体の先生はおっしゃり、呆れた顔をされました。しかし私がこれまで積んできた行からすれば、これぐらいは何でもありません。

整体の先生は、私のことを「骨はまだ六十代の若さだ」と言って感心されました。これは若いころからの行のたまものでしょう。人間楽をして暮らすとあとで痛い目にあうのです。

ただ、困ったことに、そうとうひどかったせいか、むち打ち症は遅々《ちち》としてよくなりませんでした。しかも白内障と緑内障を両方患ってしまったために、目がほとんど見えなくなってしまったのです。祖母と同じ状態になってしまったともいえるでしょう。手術をしたかったのですが、むち打ち症がひどいものですから、したくてもできませんでした。

こうして、むち打ち症に加えてほとんど失明状態というなかで、一人暮らしを続けました。これもまた新たなる行であったといえそうです。

しかし、目がほとんど見えないにもかかわらず、お山もしておりましたし、坂道も歩いておりました。道が白く見えて歩けたりするのですから、不思議なものでした。

この間に、私の家に一人の若い女性が転がり込んできて、二階に住むようになりました。勤めていましたので、朝出て夜に帰って来るのですが、少しでも居てくれると話し相手にもなり助かりました。

何しろ私は目がほとんど見えなくなったうえに、物忘れがひどくなりましたので、物はしょっちゅうなくなるし、どこに置いたかも分からなくなるということの繰り返しでした。そのたびに探し物ひとつするにも、大騒動を繰り広げていました。私が探しても時間ばかりかかって見つかりません。

そこで、探し物をしなくてはならなくなると、いつも「神様、出してください」とお願いしていました。ひどいときは「神さん、はよ（早く）探してきて」になってしまいます。すると、探していた財布がいつのまにか壁にかかっていたりするのです。

若き同居人は最初はびっくりしていましたが、慣れてくると、ここは〝マンガのおうち〟だと言って面白がるようになりました。この人は数年間おりました。

神様が二年間は行だとおっしゃった意味が分かったのは、平成十三年（二〇〇一）九月のことでした。

夜、「代よ、テレビをつけてみろ」とおっしゃったので、スイッチをひねってみますと、いきなりドカンという爆発音が聞こえてきました。そして、一瞬目の前が明るくなり、重苦しかった首の周辺がスッと軽くなったような気がしました。それからニューヨークで高層ビルが破壊されたことを知りました。ちょうど飛行機が突っ込んだ瞬間にテレビをつけたのでした。爆発音はテレビの音ではありませんでした。現場の音でした。

これが私の行の終わりでした。それからむち打ち症はしだいに回復に向かうようになり、以前のような重苦しさやつらさは消えてゆきました。ただ後遺症はまだ残っており、午後になると首の周辺が痛くなってきますし、首は相変わらず曲がって前に少し傾いたままです。特に無理をした日は疲れがひどくなり、痛みはじめます。九月十一日のニューヨークのアメリカ同時多発テロ事件も、また祀られぬ霊の仕業でした。この二年間、このことが私には重くのしかかっていたのです。

こうして行の年季が明けると、しだいに元気が出てきました。

その後、私のところに新しい神様が来られるという珍事が起こりました。平成十五年（二〇〇三）の初めのころのことでした。豊玉《とよたま》さんとおっしゃる女の神様で、滋賀県の安土《あづち》（近江八幡市）から来られたと言われました。祀ってくれる人がいなくなったので、私を頼って来られたのです。

よくしゃべる元気な神様で、口をパクパクされます。私にはそれが分かるのですが、ほかの人には分からないでしょう。おかしなことをよく言われます。その年の五月初めには、早々と「阪神勝つぞ、阪神勝つぞ」と騒ぎ始められました。優勝すると言われるのです。するとその通りになってしまいました。阪神タイガースは、十八年ぶりにリーグ優勝したのです。

私は野球なんて何の興味もなかったので、大騒ぎされても関心が湧きませんでしたが、信者さんで阪神ファンの方がおられるものですから、大喜びされました。それから神様と一緒になってはしゃいでおられました。優勝するまでずっとその調子でしたので、半年間は大騒動でしたが、呆れてものが言えません。

信者さんたちのなかには、五月ごろすでに私から今年は阪神が優勝することを聞いた人たちもいました。それで優勝が決まっても、「あまり早くから分かっていると感激が少ないな」などと贅沢な不満をもらす方もおられました。

行の年季が明けたせいか、むち打ち症もしだいによくなっていきました。体調も少しもどってきましたので、平成十五年の六月に目の手術に踏み切りました。幸いにも手術は成功し、少し見えるようになりました。

それから休養を兼ねて入院を長引かせておりますと、主人が他界したという知らせが入りました。そこで入院を早めに切り上げて、フラフラの体で鳥取に向かいました。これで完全に一人になってしまいました。

また同年の秋には、身辺にさらに大きな変化が訪れました。ついに三十年間住み慣れた内記稲荷神社の側の住まいを離れることになったのです。

私は数年前から、いまの住まいの立ち退きを迫られていました。私の住まいのあるところを道が通ることになり、福知山市から立ち退きを要請されていたのです。周りの家はすべてその件を承諾しており、早々と引っ越してしまったところもあります。私もグズグズしているわけにはいかなくなりました。それで移転先を決めなくてはならなくなったのですが、なかなか決まりませんでした。もちろん、神様が決めてくださるので、どうなるのか予想がつかなかっただけのことですが。

このことではひとつ面白いことがありました。講員大祭のあとのことでした。

ある朝、九十歳ぐらいの白髪の老人が現れて、突如結婚を申し込まれたのです。杖をついて軍服を身につけており、傷《しょう》痍《い》軍人のようにも見えました。「一人暮らしは寂しくてかなわない」と言われるのです。その手は氷のように冷たいものでした。このことがあったあと、お祀りしていた豊川さんは怒って帰ってしまわれました。

それがいったい何を意味していたのかが分かったのは、一週間後のことでした。同じ市内にある神社から来て欲しいとお誘いがあったのです。老人はそこの神様のようでした。ただ、神社はかなり遠いところにありますので、一人暮らしの老婆には不便です。そこでお断りを申しました。するとまた豊川さんが帰って来られました。

移転先は二転三転しましたが決まりませんでした。とりあえずどこに決まってもいいように、御神璽を社務所から私の家に移しました。お祭りも私の家でするようになりました。

こうしてとうとう内記稲荷神社を離れることになりました。思えば長い三十年でした。いずれにしても、移転先が決まりしだい近々に引っ越さねばなりません。[55]

振り返れば、大阪時代に御神璽を受けてから、姫路、満州、和田山、山東町、鳥取、福知山と、神様とともに転々として参りました。

私はまた新しいところで神様をお祀りしていきますが、いったいいつまでこの世にあることができるのでしょうか。それは神様だけが御存知です。お迎えの日が来るまで、一生懸命お勤めするつもりです。「最後にはくわえて天上界まで連れて行ってやる」と神様はおっしゃっておられますが、「いまのところはもう少し頑張れ」とおっしゃっておられます。体調が優《すぐ》れない日も多くなりましたが、それにも負けず最後までやり抜く覚悟でおります。

そしてまたいつの日か生まれ変わっても、人助けの人生が待っていることでしょう。思えば不思議な人生ではありました。

第二部　信者さんたちとともに歩んだ道

十六　神様は目に見えない

　ここまでは、神様とともに歩んだ私の道を簡単にお話ししてまいりました。これからは、私を信じ私とともに歩んで来られた信者さんたちに起こった出来事と、神様と信仰について少しお話ししてみたいと思います。ただ、あまりにも多くのことがこの八十年の間に起こったので、ここではほんのわずかの御神徳《ごしんとく》を語ることしかできません。また語られる出来事は、時間的に新旧混在しています。

　三丹《さんたん》支部の信者さんたちは辛抱強い人が多く、ほかの支部の信者さんと比べると長続きする人が多いように思います。これは皆さん神様のおかげを何度も受けられ、そのありがたさを身をもって体験しておられるせいでしょう。なかには親、子、孫と、三代にわたって講員になっておられるところもあります。

　そういったところは、子どもさんやお孫さんに大きな神力《しんりき》がかかり、大変なおかげをいただけるようになられます。代々信仰を続けるほどに、いただける御神徳も大きくなってゆくからです。また、大人よりも子どもさんの方が神様の影響を受けやすいようです。子どもさんの方が素直なことが多いからです。神様は子どもがお好きです。

二代、三代と信仰を続けておられるお宅は、神様が縁結びをされたり、子どもさんが生まれると、名づけ親になったりされたところもあります。こういったお家《うち》の子どもさんたちは、小さいころから私の家によく遊びに来られます。

三丹支部の講員さんは、皆さん信仰心の篤《あつ》い方ばかりです。しかし、人間というのはなかなか感謝することができない生き物のようで、なかにはずいぶんおかげをいただいておきながら、それでもおかげが足りないと、不足を言って離れていく人もいます。欲があるから、際限もなく不満が生じてしまうのです。そんなときは何とも言いようがありません。神様はほっておけとおっしゃいます。

また、神様の御神示《ごしじ》をお伝えしているのに、「ホントかな」と言ってすぐには信じようとしなかったり、「私にできますか」と言って疑ってみたりする人が、初めて見えた方でときどきおられます。こういう人たちには本当にイライラさせられます。神様もそっぽを向いてしまわれます。素直に信じる人にしか、神様はおかげを与えられないからです。

それ以上に困るのが、なかなか言うことを聞いてくれない人たちです。人間は本当に素直になれないのですね。例えばこんな人がいました。この人は長年の信者さんで熱心な方でしたが、ひとつだけどうしても神様に言われたことを守りませんでした。

それは酒をやめることでした。これが命取りになると神様はおっしゃったのです。その人は若いころにこのことを言われたのですが、ほかの酒はやめてもビールだけは決してやめませんでした。ビールは酒ではないというのがその言い分でした。たんなる屁理屈にすぎないことは、誰が聞いても明らかです。

そして数年前に痛風《つうふう》を患《わずら》いました。それでもビールだけは飲み続けていました。私は「ビールをやめないと、とんでもないことになる」と再三申し上げたのですが、それでもダメでした。そして、ついに伏見稲荷《いなり》の境内で、神様にひっくり返されてしまったのです。そのとき、神様から「いいかげんにしないと、痛風が頭に上って頭の血管が切れて死んでしまうぞ」と一喝《いっかつ》されたのです。

やっとのことで目の覚めたこの人は、ついにビールをやめました。しかし、しばらくして、長年つれ添った奥さんが亡くなってしまいました。するとその寂しさからか、また酒を飲むようになりました。そして一年後に、自宅の庭で倒れているのを発見されました。死因はやはり脳でした。残念です。

信者さんになられた方でも、最初のころは、神様のことや神社のことは何もお分かりでない人はたくさんおられました。最初は私のことを、占い師か八卦見《はっけみ》のように思っておられた方もおられました。

私のところにはさまざまな電話がかかってきますが、人伝《ひとづて》による紹介という初めての方もたくさんおられます。ことに若い人が多い。こういう人たちはたいてい「見てもらえませんか」と言ってかけてこられます。私のことを、よく当たる占い師と勘違いしておられるのです。

その都度、私は「うちは占い、八卦見ではありません。神社ですから、御祈禱《ごきとう》はします。占いなら高島易断《えきだん》やなにかがたくさんありますから、そっちへ行ってください」と答えることにしています。

また、「よく見られるそうですが、おいくらですか」と言って電話がかかってきます。断っても四回ぐらいは同じことを言われます。そして、五回目ぐらいになって、やっと「御祈禱をお願いします」となります。

また、話を聞いてあげると、「おいくらですか」と聞いてこられます。そのときは、「神様はお金をくれとはおっしゃっていません。置いて行きたければ、好きなだけ置いて行って下さい。私はすべて伏見さんに持って行きますから」と答えることにしています。こんな人たちもなかにはおられます。

断り続けていると、あとで「どんなに怖い人かと思っていました」と言って、おそるおそる来られる人や、十回ぐらい断られているのに、それでも来られる人もいます。

私には、電話がかかってきただけでどんな家の人か分かりますから、人によっては、「まず神さんと仏さんの掃除をしなさい。それから来なさい」と言います。すると、「どうしてそんなことが分かるのか」と言ってびっくりされます。

いまは開いていませんが、社務所で相談を受けているときは、こういった方がたくさん来られましたのでおかしくてなりませんでした。

このごろは、占い師に引っ掛かって、だまされて大金を取られてしまった人がよく来られます。いまや日本全国こんな人たちばかりです。

本当の信仰とは、占いとはまったく別のものです。昔はこんなではありませんでした。しかし、興味本位で来られた人には、このことが分かっておられません。このような人はすぐに分かりますので、来られても神様はお答えになりませんでしたし、私も気に入らなければ応じませんでした。

いまはほとんどの人が神様の存在を疑っていますから、神様がいると申し上げてもなかなか信じようとはされません。いまの時代は、目に見えるものしか信じなくなってしまいましたので、無理もありませんが。

ですが、神様はいらっしゃるのです。あなたの肩の上にとまっておられることもあります。神様以外にも、さまざまな霊が、あなたの周《まわ》りにはたくさんいます。私にはそれが見えますが、普通の人にはそれが見えないだけのことなのです。

神様は姿形は見えませんが、それだけに何でもできます。だから怖いのです。神様はいつも見ておられ、何でも御存知です。ですから「お前はどうしているのだ」と神様につつかれていても、人間の方は「痛い、痛い」と言っているだけなのです。「何か病気にでもかかったのかな」と不思議がりながら。

人はすべて神の子です。人間は、自分で何でもでき、すべて自分で決めてやっていると思い上がっていますが、実は神様がそうさせておられるだけのことなのです。

神様は姿形がなく目には見えませんから、何も知らない人たちに、それを信じろと言ってもなかなか難しいと思います。そういった人たちが神様を信じられるようになるためには、何らかの奇瑞《きずい》があったり、不思議なことを体験したり、言われたことを信じてやってみたらうまくいったり、助かったりといった、体験をすることが必要なのかもしれません。

こういった経験を積み重ねながら、人は信仰の道に入っていくのですが、そういうことを人に体験させるためには、私にその能力がなければなりません。そうでなくては、たくさんの人が信じてついてきてくださらないからです。その能力を身につけるために、私は激しい行《ぎょう》を積んできたのです。

私はすべてのことを断言しますが、それは神様がそうおっしゃっているからなのです。神様がおっしゃっていることは、すべて正しいということを私自身が身をもって体験してきたからこそ、自信をもって断言できるのです。

しかし、力のない霊能者にはそれができません。ですから、当たることもあれば外れることもあるとなってしまうのです。多少霊感があるという人はときどきおられますが、そういった人と、行を積んだ本当の霊能者とは霊力が違うのです。

神様は目に見えないということで思い出すおかしなことはたくさんあります。ここではその一例をあげてみましょう。私のところには、冬になると、進学や受験のことで相談に来られる方が増えます。

あるとき、某国立大学を三回すべった人の親御さんがみえました。「三回だめだったので、今回はもうあきらめてほかの大学を受けさせたいのですが、その方がいいでしょうか」というお話でした。というか、そうさせたいと言われるのです。

私は、「今年は大丈夫だ」と神様がおっしゃっていると申しました。ところが、本人はこれを信じませんでした。受かるとは思っていなかったので、試験が終わると荷物をまとめてさっさと郷里へ引き揚げて来てしまいました。三年間、京都で予備校に行っていたのです。ところが、予想に反して受かってしまったから大変です。本人は「受かったのはお稲荷さんのおかげだ」と親から言われて、頭に血が上ってしまいました。「何で受けもしない前からそんなことが分かるのか。おかしい」と言うのです。そして、血相を変えて私のところにやって来ました。「神様が本当に受かると言ったのだったら、その神様を見せろ」と言うのです。

私は「それなら社務所の前で土を掘って、その穴に入りなさい。私が頭から土をかけてあげる」と言いました。すると「そんなことをしたら死んでしまう、怖いじゃないか」と憤然としました。そこで私は、「死ぬから神様があるのではないですか。神様によって生かされているのですから、死ぬのが怖いと思ったら、神様のおかげと思いなさい」と申しました。

そして最後に「そんな理屈ばかり言っているから、これまで受からなかったのだ。ところがアカンと思ったとたんに受かったのは、理屈ばかり言っていたのが収まり、すべてを任《まか》せる無の心になったからだ」と諭しました。

このように、若い人に限らず、理屈だけですべてが分かると思っている人が増えました。すると人間理屈だけで何でも分かると錯覚するようになり、さらに何でもできると思い上がるようになる。自然への感謝の気持ちを忘れてしまいます。こういった人たちは、自然が神様だということが少しも分かっていないのです。

十七　お稲荷様は生き神様

お稲荷様は生き神様と言われています。それぐらい効《き》きます。実際に生きていらっしゃるから生き神様なのです。

神様に命を救われた人は数限りなくいらっしゃいます。神様は、医者では分からない病気のことや、病気の治し方を教えて下さるだけでなく、事故や天災のときなども前もってその危険を知らせて下さいます。

事故や天災については、すでに阪神淡路大震災のことをお話ししましたが、ほかにもこれに類したことはたくさんありました。

まだ、京都府福知山《ふくちやま》市の前田にいた昭和四十一年（一九六六）ごろだったと思いますが[56]、愛媛県の松山沖で、飛行機が墜落して、たくさんの死者を出したことがありました。この日は十三日の金曜日でした。亡くなった人のなかには、十二組の新婚さんが含まれていました。

私はよく信者さんの仲人《なこうど》を頼まれたり、結婚式に招待されたりするのですが、この飛行機には信者さんのWさん夫妻が新婚旅行で乗ることになっていました。私はこのWさん夫妻の仲人もしたのです。式が終わったとき、私には真っ黒な海が見えましたので、そんなところに入っていくことはないと言って、搭乗するのを止めさせました。その結果、Wさん夫妻は命拾いをしました。

実はこのとき、もう一組助かったカップルがいたのです。このカップルもやはり信者さんでした。こちらの方は、お母さんの草履《ぞうり》の鼻緒《はなお》がプツンと切れたので、お母さんが不吉に思われて出発を止められたのでした。

ある信者さんが車を運転していると、自分ではブレーキをかけていないのに、急にブレーキが利《き》きはじめ、速度を落として走っていたら、すぐあとで大きな自動車事故の現場を通過したということもありました。速度を落とさずに走っていたら、事故に巻き込まれていたかもしれません。神様が止めておられたのでした。

人間の寿命を変えることはできませんが、このように事故を避けることは神様を信じていればできます。これは災害の場合も同じです。

平成二年（一九九〇）の十一月だったかと思いますが、長崎県島原半島の雲仙《うんぜん》で普賢岳《ふげんだけ》が噴火して大災害を起こしました。このとき私は、この地方を旅行しておりました。雲仙で泊っていたとき、地獄谷を歩いていると、硫黄の臭いがことのほか強く感じられました。変だなと思っていますと、お稲荷さんが「代、もう帰った方がよさそうだな」とおっしゃったのです。それですぐに私たちは宿を引き払い、出立《しゅったつ》しました。普賢岳の噴火はその翌日に起こりました。
私は和歌山県の高野山で行をしたことが何度もあるのですが、あるときお稲荷さんが「火事だからすぐに帰れ」と言われました。帰ってみると、お寺の和尚《おしょう》さんがお堂に火を付けて焼いてしまうという事件が起こりました[57]。

　こういったこととは逆に、神様がお怒りになって事故を起こされることもあります。自転車に乗っていてひっくり返された人、お神酒《みき》を運んでいて器をひっくり返された人、穴に落とされた人などさまざまです。なかには自動車を運転していたとき、見知らぬ人に追いかけられ、追突されそうになり、よけたらケガをしてしまった人もいます。神様は怒らせると怖いのです。

　病気の人が救われたことは数限りなくあります。逆に、言うことを聞かないで亡くなられた方もおられます。いまの時代、医学はかなり信用されています。病気も何らかの肉体的な疾患が原因だろうと考えるのが普通です。しかし、病気の原因はなにも肉体的な疾患だけがすべてではないのです。霊がかかわっていることもあるのです。

　いつだったか、あるお寺の派手な奥さんが、娘さんのことで困り果てて私のところに来られたことがありました。娘さんは原因不明の肩痛《かたつう》に悩まされるようになり、どの病院にかかっても分からないと言われたとおっしゃるのです。

御祈禱しましたところ、ご主人のイトコで事故死された方が祀《まつ》られてないということが分かりました。その霊が供養してもらいたがっており、娘さんの肩について家に入り、仏壇に座《すわ》っていたのです。それが原因でした。

私がそのことを申し上げますと、「確かにそういう人が主人の関係にはいたようですが、私には関係ありません」と言われたので、呆れ返ったことがありました。いまはお寺の奥さんでもこの程度の人がおられるのです。まして、普通のご家庭は推《お》して知るべしなのです。

先祖の霊をお祀りすることぐらいは各ご家庭でやっていただかなくては、私もそこまでは手が回りません。先祖供養は各人が一生懸命やらないと、霊は浄化されません。生半可なことではだめなのです。けれども今では、お寺の奥さんでさえ、こんなことが分からなくなってしまいました。

ある年の初めのことでした。お正月に伏見稲荷にお参りしておりましたときに、何も食べないようになってしまってやせ細った二十歳の女性を連れて、両親が私を訪ねて来られました。

「一人で部屋に閉じこもってパソコンばかりやっています。たまに食べるものといえば、冷たいハムなどの肉ばかりです。いったいどうなってしまったのでしょう」と言われました。その人の手に触れると、死人のように冷たいものでした。

私はこの女性を連れてお山にある根上《ねあが》りさん（御神木《ごしんぼく》）まで行き、そこで御祈禱をしました。折しも大雨で、みぞれ混じりの悪天候でした。冷たい雨が横殴《よこなぐ》りに吹きつけてきて、立っているだけで体が凍《こご》えそうになりました。

御祈禱をすると、この人には自宅近くの海の底に沈んでいる死体の霊がついていることが分かりました。二十年前の死体でした。

除霊をすると、娘さんに少し血の気が甦《よみがえ》ってきました。この人はお山の下に降りてから二日間ほど参集殿に泊っていきましたが、その間にやっと温かいものを口にするようになりました。いまはかなり回復しています。

このように、新年早々大変な行をさせられてしまいました。吹雪《ふぶき》の中では傘をさしていただきましたが、体は冷えきってしまい、手が凍えてかじかんでしばらく動かすこともできませんでした。

ところが、付き添っていた両親は、寒いからといって、その女性に毛布を掛けようとしたりするのですから、何も知らずにいい気なものでした。「そんなことはやめてください」と止めました。娘が閉じこもりがちになってしまったとき、どうしてもっと早くに変だと思わなかったのでしょうか。そんな親が最近増えています。

根上りの松（2003年ごろに撮影）

また、病気は神様が起こされることもあります。

ある信者さんは、むかし急に手足が動かなくなりました。それで私のところに来られました。私が見たところ、その人の家の庭にあった神木《しんぼく》を切られたのが原因でした。それは先祖の方が植えられたもので、その方はそのことを御存知なかったのでした。それでもう一度お祀りしましたところ、手足は動くようになりました。

またある信者さんが、旅行に行くと言い出されました。このとき、私は手伝って欲しいことがあったので、旅行はちょっとやめてほしいと言ったのですが、聞いていただけませんでした。するとこの方は、出発前に足が痛くなり動けなくなってしまいました。神様が怒って懲《こ》らしめをいれられたのでした。[58]

ある信者さんの息子さんは、お坊様になられました。この方が仏教関係の大学を出られたとき、その先どうするかが決まっていませんでした。この人は道元《どうげん》のことを調べるために、全国を回りたいと言い出し、オートバイを用意して放浪の旅に出かけようとされました。ところがその矢先に、腹痛が起きて出られなくなってしまいました。すると、鳥取の長通寺《ちょうつうじ》のご住職から突然電話が入り、「いますぐにお会いしたいことがあるので、そちらにうかがいます」と言われました。めったにお目にかかる方ではないので、変だなと思っておりますと、息子さんとともにやって来られました。

そして腹痛を起こしている青年を見るや、この人は気に入ったので私が預かります、とおっしゃって鳥取へ連れて帰ってしまわれました。その後この青年は長通寺で修行し、さらに四国に渡って修行して、いまは立派に僧侶への道を歩んでおられます。この青年の腹痛は、実は神様が「足止《あしど》め」のためになさったことでした。

受験期ともなりますと、のんびり屋の子どもさんが必ず何人かいるものです。そのような子どもさんに対して、神様が「少し勉強をさせないといけないから、眠れないようにしてやろうかの」とおっしゃることがあります。言われた当の本人は「何か体がチクチクして眠れない、変だな」と思っているはずです。これは、お稲荷さんが噛《か》んでおられるのです。

これからお話しすることは、神様が病気の原因であり、祀ることで救われたという不思議な出来事です。

内記稲荷神社の境内には、白龍《はくりゅう》さんという神様が祀ってあります。この祠《ほこら》を造ることになったのは、ある出来事がきっかけでした。

ある日私が外出しましたときに、近所の工事現場で人が騒いでおりました。何事かと思って近寄ってみると、大きな青大将《あおだいしょう》が掘り出されていました。皆さん気味悪がって早く捨ててしまえと言っていました。私はその現場の人たちに、「将来できるビルの上に、このヘビを祀りなさい」と言ったのですが、誰も聞きませんでした。

そこで持ち帰って葬ってあげることにしました。ところが、大きすぎて自転車に積んで帰れません。そこでヘビに軽くなってくださいと言いますと、頭をふっと動かして、自分からミカン箱の中に入ってしまいました。その箱を自転車に積んで神社まで持ち帰り、主人に穴を掘ってもらいました。

ところが、青大将は自分を祀って欲しいと言い出したのです。しかし私は、「甲斐性がないのでとてもお祀りできません。どうしてもと言われるのなら、誰かに頼みなさい」と言いました。

しばらくして中年の婦人が私を訪ねて来られました。そして六十万円を差しだされ、「これで龍神さんをお祀りして下さい」と申されたのです。私は何事かと思いその経緯をうかがいました。すると次のような話をされました。

――ある日、ものすごい腹痛がおきて病院にかつぎこまれました。ところが手術をしようとすると麻酔がまったく効かず、医者に「腹がやられてしまっているからもうダメだ」と言われました。そして苦痛でのたうち回って意識がもうろうとしていると、白いお稲荷さんが出て来られ、「六十万円出すのと、死ぬのとどちらがいいか。六十万円を出せばお前の命を救ってやる。私は世に出たいのだ。祀ってくれ」と言われました。さらに、「そうしてくれれば、命を助けるだけでなく、息子に嫁をもらってやり、男の子も与えてやる」と言われたのです。麗々《れいれい》しい男性の声でした。

それで「六十万円用意するから助けてくれ」と言いました。すると麻酔が効き始め、お腹を切開することができました。大量の便と血が出ました。

退院して主人に「六十万円出してくれ」と言いますと、最初は渋っていましたが、最後には私の言うことを信じて六十万円用意してくれました。そのお金を持ってここにうかがったのです――

御祈禱をしますと、出てきた神様は、私が祀れないから誰かほかの人を探しなさい、といった青大将であることが分かりました。また、その女性の腹痛の原因は、家を建てるときに祀っていた白龍さんを捨てたことだったことも分かりました。

そこで私は、龍神さんを祀るために祠を造る見積りをしていただきました。すると五十五万円になりました。そこで五万円を私へのお礼であると言って置いて行かれましたので、ピッタリと六十万円で収まったのです。

この女性の息子さんは盲人でしたが、大変に信仰心の篤い方でした。この出来事の一年後に本当にお嫁さんが来ました。とても気立ての優しい人でした。子どもさんは男の子二人に恵まれました。

一方、ビルの屋上に白龍さんを祀らなかった会社の人は、二人が死亡しました。何とも不思議な顚末《てんまつ》でした。

十八　お稲荷様は名医

神様に命を救われた人はたくさんおられます。これからその方たちのことを二、三お話しします。

ある男の信者さんが、電柱に上って仕事をしておられたとき、高圧の電線に触れて、電柱から落ちて死にかけました。病院に運び込まれたところ、医者に「これはダメだ」と言われました。

ところがお稲荷さんは、「大丈夫だ、助かる。別の病院へ連れて行け」とおっしゃって、病院の名前を言われました。そこで最初の病院から連れ出して、別の病院に移しました。前の病院では「首の骨が折れているから助からない」と言われたのですが、神様は「そっと寝かせておけばそれで治る」と言われました。

私は病人についていたのですが、割りばしの先に脱脂綿をまいてガーゼに水を含ませ口元に持っていくと、なんと病人は意識不明だったのに吸い始めたのです。それからアイスクリームを食べたりもし始めました。

　そしてそのまま数カ月間眠り続けましたが、ある日突然目を覚ましたのです。そのときそばについていた夫人を見つめて、「お前の靴下にゴミがついている」と言われました。これが第一声でした。これには、医者もどうして意識が戻ったのか不思議がっていました。

　私の信者さんで、片手の手首から先がない人がいます。いまは自分で義手を作って、それをつけておられますが、若いころ作業中に事故で手首から先を失ってしまったのです。この人はバイクで溝に突っ込んで、血まみれで道端に昏倒《こんとう》し、死にかけたこともありました。

　バイクの事故が起こった夜、何も知らぬおばあさんは、自宅の一階で休んでおられました。すると深夜に誰かが、外の階段を上って二階に行く気配がしました。その家は外から二階へ上がるようにできていましたので、誰だかは確認できませんでした。しばらくして「これで大丈夫や、帰るでの」と言う声がしました。

　翌日おばあさんが二階に上がってみると、血だらけになった息子さんが横たわっていました。だが、一命は取り留めていました。階段を調べてみると、水がポタポタと垂れて続いている跡が残っていました。それは、尾を引きずった跡のように見えました。それでお稲荷さんが事故の現場からその人を担いでこられ、階段を上がって部屋に寝かせて、手当てをして帰られたことが分かりました。昨夜の声は、お稲荷さんの声だったのです。

当時、私は山東町《さんとうちょう》（現、兵庫県朝来《あさご》市）に住んでおりましたので、すぐに現場に行ってみますと、バイクが溝に突っ込んで壊れたままになっていました。これでよく死ななかったものだと、皆さん言われました[59]。

この方は義手にもかかわらず、いまも元気で猟などをされています。獲物の鹿やイノシシと格闘されるそうで、冬になると取れた新しい肉を持って来てくださいます。私は肉を食べませんので、すべて人にあげてしまいます。いつも獲物が罠《わな》によくかかるという不思議な人です。

ガンの方もたくさん助けました。

信者さんのＳさんのお姉さんは、近くの酒屋に嫁いでいらっしゃいましたが、商売柄ご亭主はビールが好きで、そのせいか便秘気味でした。あるとき、私はご主人がガンであることが分かりましたので、早く医者に連れて行きなさいと申し上げました。

そこで病院に行かれると、検査した医者から何ともないと言われてしまいました。ガンは早期でしたので、医者には分からなかったようです。しかし、それでもガンにちがいないから、よく調べるようにと私は言いました。その結果、腸のガンが発見されました。手術は無事にすみ、ご主人は退院するときに、あなたは神様に助けられたのだから、これからは飲み過ぎないようにしないといけませんと医者に諭されたそうです。

前立腺《ぜんりつせん》ガンの方も助かりました。医者からは助からないと見放されたのですが、神様が「酒をやめたら治る」と言われましたのでやめさせたところ、治ってしまったのです。医者はウソだろうと驚かれたそうです。

逆に世の中には心配性《しょう》の方もおられます。よくガンでもないのに、ガンじゃなかろうかといって相談に来られる方がおられます。面白いことに、そんな人にかぎってガンでないことが多いものです。ガンでないことも、神様にうかがえばすぐに分かります。

ガンではありませんでしたが、腸の病気で思い出すことがあります。山東町時代の古い信者さんにTさんという方がおられました。この方は腸の手術をされましたが、もう助からないと医者に言われました。ところが神様は、「頭のてっぺんに灸《きゅう》をしろ」と言われました。Tさんはそれを続けていますとなんと助かってしまい、今日でも生きておられます。

逆に、神様が言ってくださったのに、言うことを聞かなかったために命を失った人もおられます。

ある大学の先生は、ガンだと言ってあげたのに、「どうしてそんなことが分かるのか」と言ってバカにされて検査に行かれませんでした。そしてやはりガンであることが分かったときは、もう手遅れでした。

またある人には、「盆の十五日に、来いと言われても、大阪には行ってはいけない」と忠告してあげました。「大変なことが起こるから」と言ったのです。

ですが、その人は私が言ったことも聞かずに、娘さんに呼ばれたので大阪に行ってしまいました。そして、駅のプラットホームで心臓麻痺《まひ》を起こして死んでしまいました。

最近は、冷えが原因で病気になる人が増えています。さきほどの腸のガンの方もそうでした。ほかにもおられます。

ある男の方が腸捻転《ちょうねんてん》を起こして入院されました。そこで手術ということになり、私のところに御祈禱に来られました。すると神様は、「これはたんなる冷えからきているので、体を暖めると治るから中将湯《ちゅうじょうとう》を飲ませろ」とおっしゃいました。

それでそのことを申し上げますと、「そんな女性用の漢方薬なんか恥ずかしくて飲めない」といやがられました。中将湯は、女性の冷えや血の道などに効《き》くと言われています。それでも、私が言われた通りに飲みなさいとしつこく奨《すす》めますと、ついに飲まれました。すると数日で治ってしまいました。

またあるとき、接骨医の先生が腰が痛いと言ってやって来られました。「接骨医が腰が痛いんじゃシャレにもならない」と言ってぼやいておられました。神様にうかがってみますと、「自宅の下に下水がたまっていて、それで体が冷えているので、中将湯を飲ませろ」とおっしゃいました。またしても中将湯でした。この方も最初は腸捻転の方と同じように拒否反応を示されましたが、やはり飲まれてみると治ってしまいました。

足を悪くされた方にも奨めたことがあります。

心臓の悪い人もたくさん助けました。これはその一例です。

あるとき、生まれたばかりのお孫さんのおばあさんが、「孫が病院で心臓に障害があると言われたのですが」と言って、相談に来られました。御祈禱をすると「心臓に小さな穴が開いている」と神様が言われましたので、そのようにお伝えしました。すると、「病院で言われた検査の結果を、何も言わないのにどうして分かったのか」と不思議そうな顔をされました。

四年ほどして今度は、その子のお母さんとおばあさんがお見えになりました。「心臓の状態がかなり悪くなっていると、かかりつけの病院で言われたので、いくつかの病院で診てもらったのだが、病院によって言うことがまちまちで、どれを信用したらいいのか分からない。それに、手術をする必要があるのなら、どの病院がいいのか分からないので、いくつか選んでみたので神様にうかがって欲しい」と言われました。

神様は、「心臓にできていた穴が五円玉ぐらいの大きさになっているので、このままにしておくと将来命がない」と言われました。そして「手術をすぐにしたほうがいい」と言って、病院を御神示されました。

そこですぐにその病院に申し込まれると、たちまち入院ができて手術となりました。手術はうまくいき、その子は助かりました。

出産で危なかった人を、母子《ぼし》ともに助けたこともあります。

ある夜のことでした。滋賀県の大津の方が電話をして来られました。切迫した声で、「お産で母子ともに危ないのです。知り合いのお大師《だいし》さんを信仰している人が、先生のところにすぐに連絡しろと言われたのでさせていただきました」と言われたのです。

私はすぐに水垢離《みずごり》を取り、御祈祷に入りました。それからしばらくして、母子ともに助かったという知らせが入ってきました。そのお母さんは元気になられ、その後、第二子も授かっておられます。

逆子《さかご》だから気をつけないと危ない、と言われていた妊娠中の信者さんがおられました。ところが、生まれてみると逆子ではなく安産だったので、いったいどうなってしまったのだと、主治医が首を捻《ひね》ったというおかしなことも最近ありました。元気な女の子さんが生まれました。

神様は、あらゆる病気についてよく御存知です。肝臓、脳、肺、心臓の病気をはじめとして、いろんな病気の方を治されました。こういった病気とともに多いのが、目の悪い人です。あるとき高校生の女の子のお母さんが、「レーザーの視力矯正《きょうせい》手術を受けさせたいのですがどうでしょうか」と言って相談に来られました。なんでも生まれつき片方の視力が弱くて、メガネが使えないので、小学校からコンタクトレンズにしていたそうです。ですが、これは取り外しがやっかいなうえに、充血を起こしたりしてトラブルが多いので、最近はつけていても、黒板の字が見えにくくなってきた。これから大学受験ということもあり、目の負担を減らすためにも、手術を受けさせたいということでした。

そこで神様にうかがってみますと「受けさせなさい」とおっしゃり、お母さんが選んでこられた病院で「大丈夫だ」と言われました。レーザー手術も新しい方法ですし、失敗している例もありますから、慎重になられるのは無理もありません。

伏見稲荷では眼力《がんりき》さんにも、このことはお願いしておりました。神様は学校のことなども考えて、少し手術日を延ばしておられましたが、ようやく日が決まり手術は成功しました。それからはメガネもコンタクトレンズもなしで、読み書きできるようになりました。その結果、目や体の負担が減り、大学にも合格されました。

神様は病気の治し方も教えてくださいます。私はこれまでいくつもの大病を患ってきましたが、神様の言われる方法で治ったことが何度もありました。これはすでに申し上げた通りです。
また、病気の予防の仕方も教えて下さいました。

私は昭和五十八年（一九八三）ごろから、神様の御神示で近所の小学校の運動場を歩くようになりました。手を振って土の上を歩く、それがいいのだそうです。六十一歳のときでした。

歩くときは靴よりも草履のほうがいいのです。親指を使うからです。そうすると、すべての指に力がかかるので体にいいのです。また胸を張っているので、これも体にいいのです。胃が悪くても歩くとよくなります。また歩くと血圧が下がります。私はある時期から血圧が高くなってしまったので、これは助かりました。

おかげで今日まで神経痛を患わずにすんでいます。それで今までもっているようなものです。言われた通りにしておいてよかったと思っています。

歩くようになってから、私は信者さんたちにもこれを奨めるようになりました。でも、「そんなことできますかいな、アホみたいな」と言って、ほとんどの人はやりませんでした。その人たちは、いまみんな足を悪くしています。

私が歩き始めてから、世の中でも歩くことが流行し始めました。いつも人間は神様が言われたあとから追いかけてくるようです。

医者の不養生《ふようじょう》とはよく申したもので、私のお世話になっているお医者さんなどは、いつもイスに腰かけて、足をブラブラさせながらコーヒーばかり飲んでおられます。それで私は、「そんなことばかりしていると中風《ちゅうぶ》になりますよ」とズケズケと申し上げます。すると「砂澤先生にはかなわない」と苦笑《にがわら》いされます。

ついでに私が、「先生は借金しておられるから、この病院やめられないのでしょ」とからかうと、「何でも知ってるからかなわんな」とまた苦笑いです。でもこれは、みんな神様が言われたことなのです。

神様こそ本当のお医者様なのです。

私は人を見ただけで、どこが悪いのか分かることがあります。

つい最近のことでしたが、伏見稲荷の根上りさんで拝んでいましたら、見知らぬ初老の女性が参拝にやって来られました。その人を見ただけで、この人が将来病気になることが分かりました。それで「もっと歩きなさい。そうしないと麻痺《まひ》が下から上がってきて病気になり、体が動かなくなってしまいますよ」といきなり申し上げました。その方は、きょとんとした顔をしておられました。

ほかの方の相談を持って来られた女性に、「心臓が弱っているから救心《きゅうしん》を飲みなさい」と言ってあげたこともありました。来られただけで分かるのです。このようなことはたくさんあります。

むかしは灸も信者さんたちにしてあげていました。体を触《さわ》ると、その人の悪いところが分かるのです。いまは、灸は免許がないとできませんのでやりませんが、これでかなり治してあげました。

お稲荷さんは病気については適切な指示を出してくださいますが、人間の寿命までは変えることができません。人間の寿命は、天から与えられたもので決まっており、変えることはできないからです。

私には人の死期が分かりますが、それを告げることは差し障《さわ》りがありますので、普通は黙っています。ただ、医者から言われた死期がちがうときは、正確な日時を教えてあげることもあります。

弟の死期も神様が教えて下さいました。弟がガンで倒れる前に、お正月にお塚の前で拝んでおりますと、そのことを神様が教えて下さいましたので、弟に「今年は命にかかわることがあるので、病院へ行きなさい」と言いました。すると弟は、「僕よりも姉ちゃんの方が早く死ぬわ」と口ごたえをしていましたが、五月ごろになって「その通りになってしまった。もう社宅から会社まで歩いて行けなくなった」と言ってきました。

それからまた拝んでいますと、神様は「これはすい臓ガンだからダメだよ」とおっしゃいました。そこで私は、せめて九月のお祭りがすむまでもたせて下さいとお願いしました。そうしましたら、お祭りがすんだ直後の九月十日の三時半にきっちりと死にました。本人はすい臓ガンだということを知らずに楽に死にました。お腹に水が溜まっているのに、点滴を下げて歩いていました。[60]

また妹は血圧が高く、脳内出血で倒れました。このときは、神様が脳内出血だと言われましたのに、ある病院で検査すると分からず、手術をしませんでした。

そこで、この病院はよくないと言って止めさせ、別の病院に入れました。するとすぐに手術ということになりました。おかげで手術は成功しました。障害は残りましたが、今も元気に暮らしております。[61]

もう一人の妹は自動車事故で死にましたが、そのときも月日はおろか時間まで分かっておりました。しかし、どうしようもありませんでした。それだけの寿命しかなかったのですから。[62]

十九　お稲荷様は「ほどこし」の神様

むかしからお稲荷さんは、「ほどこしの神様」と言われています。自然が神様であり、自然は生き物に食べるものを与えてくれますから、お稲荷さんは「ほどこしの神様」と言われているのです。そして、農業や漁業など、食料を生産する仕事をしている人たちから祀られるようになりました。

またそこから、「衣食住の神様」とも言われるようになりました。衣食住を得るためには、農業をしている人たちは農業がうまくいき、漁業をしている人たちは漁業がうまくいき、商売をしている人たちは商売がうまくいくことが大切です。芸を売る人は芸が上達して人気が出なくてはなりませんし、会社に勤めようと思っている人たちは、まず進学や就職がうまくいかねばなりません。

そのために、お稲荷さんは商売の神様、農林水産業を守ってくださる神様として有名になりました。また、進学、就職をはじめ、縁談、病気など、人生がうまくいくように守ってくださる神様としても祀られるようになりました。

私の信者さんには、農業をやっている人がたくさんおられます。皆さん収穫があがったときには、お礼にと言ってとれたものをお供えに持って来てくださいます。お米をはじめ野菜、果物など新鮮なものをたくさんいただきます。それを神様にお供えしますので、スーパーなどで買って供えたことは一度もありません。スーパーなどの品物は古いことが多いので、神様にお供えするには向きません。

私の古くからの信者さんであるMさんは、鳥取県の米子《よなご》市で東京ネギ（白ネギ）を作っておられます。そのネギが全国に出荷されて評判を呼び、いまや鳥取の長者番付の常連となられました。

Mさんは一人で伏見稲荷にお参りしておられましたので、仲間に入れてあげました。ずいぶん昔のことです。ズーズー弁で何をおっしゃっているのか、よく分からないことが多い面白い方です。

むかし近隣の人が、農地を捨てて出て行ってしまわれたときに、私はMさんにその荒れ地を買うように奨めました。二足三文の値段で買えたそうです。Mさんはその土地でネギを作り始め、いいネギを作ろうという一心で肥料を工夫され、ほかの人の四倍もやるようになりました。

するととても品質のいいものができるようになり、それが評判を呼ぶようになったのです。そして億万長者になってしまわれたのです。ウソのようですが、こんな方もおられるのです。

お稲荷さんは変なことをよく言われます。数年前も「山田を買え」と盛んに言われましたので、農業の方に奨めました。買われた人もいます。その理由は「これからは水がやられてしまうので、下流の方で水田を作っても、ひどいことになってしまうからだ」ということでした。

信者さんのなかには、漁師の方もたくさんおられます。毎日の水揚げの量を電話で報告して来られる人もおられます。ほかの人が不漁のときでも、かなりの水揚げがいつもあるそうです。取れ立ての大きなイカなどを、よく宅急便で送って来られます。

農業や漁業で生活をしている人たちは、天候に大きく左右されます。ですから、むかしからお稲荷さんでは降雨の御祈禱などがなされました。とくに龍神さんは水の神様ですから、雨乞いのときなどには大切にお祭りされてきました。

神様は天候のこともよく御存知です。天気予報が雨だと言っていても、「降らない」とおっしゃると本当に降りません。また、台風がどれくらいの被害をもたらすかとか、地震が起きるといったことや、海底が熱くなっているので、魚がみんな逃げ出してしまっていて取れない、といったことなど思いもかけぬことをよく教えて下さいます。

お稲荷さんは「商売の神様」としても有名です。

お稲荷さんをお祀りしている会社や商店はたくさんあります。伏見のお山で修行をされて会社を大きく発展させられた社長さんもおられます。

今では世界的な企業に成長した松下電器（現、パナソニック）の創業者、松下幸之助《こうのすけ》氏も、若き日にここで行をされました。お滝に打たれていたとき、明け方、上空に輪のような形のものが見えたのだそうです。それをヒントにして最初の発明がなされ、今日の大発展のもとが築かれたと言います。私も生前に何度かお目にかからせていただきましたが、それは立派な方でございました。お稲荷さんへの信仰の篤い方でしたが、虚弱体質にもかかわらず、大過なく九十過ぎまで長命を保たれました[63]。

また福知山に出自のある製薬会社で、痔《ぢ》の薬の製造特許を持っているところがあります。この薬は、大阪の大製薬会社が販売権を持っています。この初代の社長さんも、学生時代にいろいろ悩むところがあり、伏見のお山に籠《こも》っておられるときに、この薬を思いつかれたそうです[64]。

今でも会社の方が、私のところにお参りに来られます。

私の信者さんでも、商売のうまくいっているところはたくさんあります。多くの会社は敷地に社《やしろ》を建てておられますし、会社ぐるみでよくお参りに来られます。また建築関係の方も多く、地鎮祭にはよく呼ばれます。

あるとき、儲《もう》かっていなかった某工務店の社長さんが、息子さんの縁談の相談に見えたことがありました。息子さんはあとを継いでおられましたが、たくさんの縁談があるにもかかわらず、まったくまとまりませんでした。このとき神様は、「この相手をもらったら出世する」と言われました。しかし親戚が反対したそうです。

でも、親御さんはこの結婚を決心されました。その後、工務店は大きく発展しました。このお嫁さんはよくできた人で、毎日、朝夕、職人さんに、「ご苦労さまでございました。ありがとうございました」と、頭を下げて挨拶《あいさつ》されるそうです。そして子どもさんも男の子が三人でき、会社は大発展しています。お祭りには、社員さんが全員お参りに来られます。神様が決められた人はやはりいいです。

信者さんのなかには、女社長も何人かおられます。その一人であるUさんは、御主人が若くして亡くなったので、どうしたらいいでしょうかと言って相談に来られました。私はあなたが会社を継いでやりなさいと申し上げました。それで、何も分からないところから会社を切り盛りして来られました。三人のお子さんを抱えて、大変な苦労をされたことでしょう。しかし、順調にやって来られました。この方は大変に熱心な信者さんで、伏見のお山に自分のお塚も持っておられます。お山をしてお塚に参って帰ると、仕事が入っているそうです。

もう一人の女社長であるAさんは、これも御主人が亡くなったので、そのあとを切り盛りしておられます。ときには「少しお金が足りないので、お稲荷さん助けて」などと言って来られますが、今日まで何とか店を潰《つぶ》さずにやって来られました。この人は子どものころから面倒を見ています。

また、男性の社長のAさんは、中国にも商売に行っておられますが、サーズ（重症急性呼吸器症候群）騒動のときは行けなくなってしまい困っておられました。そこで私が「千葉に行きなさい」と言いますと、「仕事があった」と言って来られました。この方も単独でお塚を持ち、熱心に参拝されています。先代の社長さんのときからの二代にわたる信者さんです。会社の中に大きな社を建てて、神様をお祀りしておられます。毎月伏見稲荷にはお参りされ、お滝も受けられるなど熱心な方です。

稲荷信仰は、何と言っても白狐《びゃっこ》さんと巳《ミー》さん（蛇神）、それにお不動さんで、特に巳さんの龍神系は欠かせません。商売は水物と言いますように、水の神様である龍神様は大切にされています。

私が行くと客が来てくれるというので、よく商売をしている人から、来てくれ来てくれと言われます。実際に私が店に入っていると、お客が来ることがあります。そのために、客が入るようにわざわざ自動車で迎えに来る人もいるぐらいです。

また、招き猫に名前をつけてくれと言って来る人もいます。招き猫は左招きの猫がよく、右手でため込む形をしている猫はよくありません。まずお金が来なければ、ため込むこともできないからです。そんなことも知らずに、ため込み型の猫を持って来る人もいます。それに、お金をため込むのはよくありません。

神様は人の名前を上手につけられますが、店の名前もつけられます。いつだったか、ある人がお好み焼き屋をやりたいと言って来られ、名前をつけてほしいと言われました。神様が「メダカがいい。よく流行《はや》るぞ」とおっしゃるので、そう言いますと仰天されました。お好み焼き屋なのに小さい魚の名前とは、あまりにも突飛《とっぴ》だと思われたからでしょう。

ところが、帰って娘さんにその名前を言うと、かわいいじゃないと賛成するので、それではということになり試しにやってみることにされたそうです。すると、女子学生さんがたくさん来るようになり、大盛況だと言います。なかにはその魚の絵を描いて、べたべた店内に張っていく子もいるそうです。

また、ずいぶんむかしですが、三百円しかないのに、うどん屋をやりたいと言って来た人もいました。神様はその人に、「国道沿いの家を買ってうどん屋をしろ」と言われました。

ところが、開店の日に、バクチですって文無《もんな》しになってしまった元議員だという男が、裸でやって来て座り込みをし、開店を妨害しようとしたのです。それを追い返すためにひと騒動ありましたが、ようやく無事開店にこぎ着けました。そして、開店と同時に結婚式もさせ、仲人もしました。

するとそれからこの店は大繁盛し、いまではレストランも建て、ビジネスホテルまで経営するようになりました。田舎なのにかなりの年収を上げています。

このような話はたくさんあります。ただ、現金な人もなかにはいて、店がうまく行っているときは少しもお参りに来ず、ダメになりかけると慌《あわ》ててやって来るという人もいます。これには神様も苦笑いされてます。

またこういったこととは逆に、私がよしなさいと申し上げたのに、耳をかさずにほかの商売に手を出してしまって失敗した方もおられます。ある方は、それまでにやっていた商売をたたんで温泉経営に乗りだそうとされました。私は「失敗するからよした方がいい」と言ったのですが、聞かれませんでした。やはりうまくいきませんでした。

龍神様と言えば、水の神様ですから、地下の水のあるところなどもよく御存知です。信者のＩさんは、井戸を掘ったりする水関係の仕事もしておられました。井戸も地面の下に水脈がなくては、掘っても水は湧いてきません。人間は地面の上からでは、地下のどこに水が流れているのかなんて分かりませんが、神様はよく知っておられます。

それでIさんは相談に来られます。あるとき、新築中の家の井戸を敷地内に掘ることになり、どこを掘ればいいかということで、ある宗教家とIさんが競争になりました。結局、神様が御神示された所を掘ったIさんに軍配が上がりました。

また別のときには、御神示されたところを掘ったのにちっとも水が出て来なかったので、帰宅後Iさんは、お酒を飲んでブツブツぼやいていたことがありました。そのとき神様は「心配せんでもいい。次の日にはちゃんと出ている。それも首が浸《つ》かるぐらい出ている」とおっしゃいました。すると、翌日その通りになっていました。Iさんは首まで浸かってしまったのです。それできまりが悪いものですから、自分からはそのことで電話をして来られませんでした。

これとは逆に、地下に水脈がたくさんありすぎて、掘ると危険だから止めさせたこともありました。龍神様は地のことだけでなく、天のこともなんでもよく知っておられます。

神様は商売以外でもお金を儲けさせたり、うまく家を建てさせたり、家探しのときに力になったりしてくださいます。家を買われた方からは、お清めの御祈禱を依頼されたりします。

Sさんの奥さんの妹さんは、結婚されて京都で教員をしておられました。ご主人は某国立大学の先生でした。子どもさんはありませんでした。ところが、数年前にご主人がガンで亡くなられたので、奥さんは京都の自宅を処分して、福知山の近くの出身地に引き揚げて来ようとされました。
自宅は百坪ほどある大きな家だったせいか、なかなか売れず、困り果てた奥さんは私のところに来られました。私は売る相手を教えました。するとトントン拍子に話が進み、売却が決まってしまいました。ところがその十日後に、バブルのあとだったせいでしょうか、土地の価格が一気に暴落してしまい、一坪につき四十万円も値下がりしてしまいました。それで奥さんは、損をしなくてすんだとまたお礼に来られました。

お稲荷さんが、「ほどこしの神様」であることは私の場合も同様です。神様が「衣食住のことは一切心配しなくてもよい」と言われましたので、私はすべてを神様にお任せして生きてきました。おかげで一度も不自由したことはありませんでした。すべて与えてくださいました。神様は信じてもたれきっていれば、必ず力を貸してくださいます。

例えば、結婚式があるのにお金がないなと思っていても、知らぬ間に作ってくださいます。家も用意してくださいました。

けれども、物やお金は無闇にため込んではいけません。余ればほかの人に施《ほどこ》すことが大切です。施しをすればするほど、またそれに勝《まさ》るおかげがいただけるのです。

二十　人を導き、人を結ぶ

神様は、神様を信じてまじめに生きようとする人には必ずお力を貸して下さいます。人の進むべき道を教えたり、人と人を結んだりすることも、神様の大きなお力なのです。

人の進むべき道と言えば、就職に大きく影響する進学や受験は、子どもさんをお持ちの親御さんにとっては大問題です。受験期ともなると、親御さんはカンカンで、私のところの電話は鳴りっぱなしになります。

私は毎年五十人ぐらい進学の相談を受けます。子どもたちは学校から帰って来てから電話をかけてきますので、夕方から電話が鳴り始めます。最近は携帯でかけてきますので、私の家の前まで来てからかけてくる子どももいます。

受験に関しては面白いもので、神様が受かるとおっしゃったところにしか絶対に受からないので不思議です。いくら学校の先生が受かると言われても、当たらないことが多いのです。ですから、学校の先生も、自分の子どもや孫の進学のことになると判断に困られるようで、お見えになることがあります。

学校の先生については思い出すことがあります。ある日、両親がどちらも先生をしておられるという家庭の子どもさんが、受験の相談にお見えになりました。このお家は、その子のお兄さんもお姉さんも先生になっておられました。そのせいか、両親はこの子にも先生になれと言っておられたそうです。

ところがこのお子さんはそれがイヤで、建築関係を希望されていました。そうして、「どうして先生の子だから先生にならなくてはいけないのか。それぐらいなら死んだ方がましだ」と訴えられました。そこで私は、両親に来ていただき「親が教師をしているからといって、どうして子どもにまで同じ職業を押しつけるのか。子どもには子どもにあった道があり、それに進めてやるのが親の務めでしょう。自分の子どもも満足に育てられないで、それでよく先生が務まりますね」と申し上げました。

すると最後には、その両親は泣きだしてしまわれ、「よく分かりました」とおっしゃいました。そして子どもさんの希望を受け入れられました。

二十年ほど前のことですが、予備校にも塾にも行かず、現役で東大の理系に受かったお子さんがおられます。この人はとてもよくできる人で、九州大学の医学部か東大の理系を受けたいと思っておられました。そこでお母さんが相談に見えました。

私は、「もう少し国語を勉強すれば東大に受かる」と神様がおっしゃっていると申し上げました。それからこの方は、国語に力を入れられて見事東大に合格されました。

その後、大学院に進んで学者になりたいと言われましたので、それがいいと奨めました。大学院に入ってからは、主任教授のことでも相談を受けました。博士論文もすぐにパスし、いまは大学の先生をしておられます。

また、最近では高校をやめて京大にストレートで合格した女の子さんがおられます。この人はある事情で学校の出席日数が足りなくなり、担任から「このままでは出席日数が不足してしまうので、卒業できなくなってしまうかもしれない」と言われました。その相談を受けて、私は「学校をやめなさい」と申し上げました。高校なんてやめても、大学を受ける方法はいくらでもあるからです。

それでこのお子さんは高校二年のときに中退し、塾にも予備校にも行かず、自分で勉強をして、高校に通っていれば高校三年生だったその夏に、大検《だいけん》（現、高等学校卒業程度認定試験〔高検《こうけん》〕）を受けられました。そして秋には立派な成績で合格され、クラスメートよりも半年早く高卒の資格をとってしまわれました。ついで、現役受験の年にあたる翌年の春に京大を受けて、ストレートで受かってしまわれたのです。この人は京大しか受けませんでした。

伏見稲荷大社節分祭。中央が砂澤

この人のことは、高校に通っているころに、神様は早くから「京大に受かる」とおっしゃっていました。はたしてその通りになってしまいました。

ではこれから、学校の先生が言われたことが、当たらなかった例や親御さんが「そんな馬鹿な」と言って信じられなかった例を、いくつかお話ししてみましょう。

私立大学をみんなすべった人に、ある国立大学は受かると言ってあげたことがありました。滋賀大学です。親御さんは「そんな馬鹿なことは絶対にない」と言われましたが、それでも滋賀大学に受かってしまいました。その親御さんがびっくりされたことといったらありませんでした。

また、ある子どもさんは、推薦ですべったのに、本番で金沢大学に受かってしまうというおかしなことがありました。このほかはどこも受かりませんでした。神様がそのようにおっしゃっていたのです。これも御両親がびっくりされました。

さらには、学校の先生が一橋大学も明治大学もどちらも絶対に受からないと言ったのに、明治大学は受かってしまったということもありました。これも神様は、「明治は受かる」と言っておられました。

私があるところしか受からないと申し上げていますのに、それを信じなくて、ほかにもたくさんの大学を受けさせた親御さんがおられました。しかし、結局、私が言ったところだけしか受かりませんでした。あとになって、その親御さんは「たくさんの受験料を使って損をした。ちゃんと言われることを信じておけばよかった」と悔《く》やまれたそうです。

子どもさんのなかには、親や先生に相談する前に、私のところに相談に来られる方もいます。私は学校を指示しお守りをあげて帰しますが、合格するとお礼に来られて、お礼はどうしたらいいのかと聞かれます。私は、お礼はいくらでもいいと申しますが、するとなかには、けなげにも財布の中の小銭を全部置いていく子もいます。

また合格してから初めて、お稲荷さんに言われて受けたことを母親に告げる子どもさんもいます。そして「お礼に行きたい」と言うのだそうですが、そうすると「どうしてもっと早くにそのことを言わなかったの」と、叱《しか》るお母さんもおられるそうです。しかし、こんなお母さんは不信心な方が多いですから、子どもさんが受かりでもしなければ、絶対にお参りになど来られません。そんなことはよく分かっていますからおかしいのです。

今日では、子どもの方がよほど信心深くてしっかりしています。私の育てた子どもは、受験の終わったあとで、「受かっているとお稲荷さんが教えてくれちゃった」と平気な顔で言っておりました。

これとは反対に、本人の志望校のランクが高くて、どうしても私の言っていることに納得ができない子どもさんもおられます。そういう子どもさんには、本当のことは言わないで、何度も（複数年）その学校を受けていただき、結果受からなかったために、自分には無理だということを納得していただいてから、その人にあった学校を受けてもらうこともあります。ですから、人によってはウソを言っていることもあるのです。

進学とともに、就職も人生の重大問題です。

人にはそれぞれ向いた道というものがあり、それを進めば大成しますが、別の道を行けば運は開けません。お前にはこの道しかないと神様が言われたら、この道を通らなければあの世へは行けません。自分で変えようと思っても、神様がそうされなければどうにもなりません。

ですから、間違った道を行って脱線すれば、その分、本当の道に戻って来るのに苦労します。いずれにせよ、神様にお前はこれしかないと言われれば、その道を行くしかないのです。

しかし、そのことが分かっている人は、そう多くはいません。たいてい自分がどうすればいいのか、分からず途方に暮れておられます。別の道をウロウロしておられるのです。そういう人には、その方に適した道をお教えしていますが、ピンと来ない人もたくさんおられます。

信者さんのなかには、神様の御神示によって、自分の道を選ばれた方もたくさんおいでです。学者になった方もおられますし、仏の道に入られた方もいらっしゃいます。また女流落語家になった人もいます。

ここではその一例として、一人の女流落語家を御紹介しましょう。福知山市出身の桂三扇《かつらさんせん》さんです。この人は、大学生のときに私のところに初めてやって来ました。そしていきなり、

「おばちゃん、私何をしたらええんやろ」と言いました。

私は「落語家になんなさい。そうしないと一生後悔しますよ」と答えました。本人も落語が好きだったので、すぐに決心したようです。

ところが、それを聞いたお父さんは大反対でした。どうしても首を縦に振られません。子どもさんはこの人だけでしたので、養子をとって家を継がせたいと思っておられたのに、こともあろうに落語家になりたいなんてもってのほかだというわけです。

そこで私はお父さんに、「神さんに百日参《ひゃくにちまい》りをしなさい。そして神様が分かったと言われたら、落語家にはしなくてもよろしい」と言いました。すると、本当にこのお父さんは百日参って来られました。ですが、神様がウンと言われなかったので、とうとうあきらめてしまわれました。

一方、その女の子さんは卒業するとすぐに、桂三枝《さんし》師匠（現、桂文枝《ぶんし》）に弟子入りし、大張り切りで修業に励みました。私は十年間辛抱しなくてはダメだと言い聞かせました。そして、桂三扇という芸名をもらい、女流落語家として売り出しました。「ふくち寄席」という地元の落語会もできたので、会の幹事にさせられて応援しています。また、伏見稲荷の秋の講員大祭には、三丹支部奉納の落語会を後援したりしてバックアップしています。

その後、三扇さんは同じ業界にいた男性と結婚しました。式は伏見稲荷で挙げ、私が仲人をしました。いま二人目の子どもさんが生まれたばかりで、子育てに追われています。一方、ご主人の方は転職されて、市の職員になられました。お父さんは案じておられましたが、立派なお婿《むこ》さんもでき、孫にも恵まれました。子どもさんの名前も神様がおつけになりました。ただ、お父さんがそういった娘の姿を見ずに、亡くなってしまわれたのは残念です。

就職と言いますと、子どものころから遊びに来ていた高校生の子が就職するとき、不況で一人しかとらないと言っていた会社に、推薦で十番目だったにもかかわらず、上の九人を飛び越して受かってしまったことがありました。学校の先生は、「上に九人もいるから絶対にダメだろう」とおっしゃっていたそうで、「よく分からない」と頭を抱えておられるそうです。

またその子の妹さんは、看護の仕事がしたくていろいろとその種の学校を受けたのですが、全部すべってしまいました。すると神様が、「そんなところよりも、もっといいところがあるから心配しなくてもよい」とおっしゃいました。

しばらくして、病院で看護師の見習いを募集しているところがありました。そこを受けさせると受かりました。これですと、お給料がいただけるうえにあとで資格を取ることもできますから一石二鳥《いっせきにちょう》です。

逆に希望するところが合っていないから、進路を変更させたこともたくさんありました。ある人は「大学の電気科に行ってコンピュータの技師になりたい」と言いましたが、「向かない」と言ってやめさせました。今は調理師の修業をさせています。

また別の青年は、税理士の資格を取ろうとして、ある税理士の事務所に見習いで入っていましたが、給料も少ないし見込みがないので、テレビの製作会社に転職させました。この人は昨年結婚しましたが、披露宴をグアムでしたいというので、サーズのことが気になり延期させたこともありました。

会社を辞めさせて転職させた人もたくさんいます。なかには、都会で働いていてノイローゼになったので辞めさせた人もいます。この方は郷里に帰ってきました。

「どうも会社の様子がおかしい」と言って来られた方もありました。その人には、「早く辞めないと着の身着のままで放り出されてしまい、取るものも取れなくなる」と言いました。その方はすぐに辞めてしまわれました。

世の中はどんどん変わってゆきますから、それに合わせて神様もおっしゃったことを修正しながら、変えていかれることもよくあります。最近では、「女の子にはもう就職先がなくなってしまうから、いいお婿さんを見つけたほうがいい」と言われるようになりました。

御祈祷で多いのが、進学、就職とともに、縁談です。縁談の相談もたくさん受けます。お稲荷さんは縁結びの神様でもあります。たくさんの縁談をまとめてこられました。それで私はよく仲人をしました。結婚式にもよく招待されます。神様の選ばれたお相手はいい人が多く、もらわれたお家は発展します。

また、子どもさんができればできたで、名前をおつけになることもあります。いい名前をつけられますので、姓名判断の人に見せると、誰がつけたのかと感心されるそうです。

神様がいいと言われた縁談はたいていうまくいきますが、恋愛となると皆さんなかなか言うことを聞いてくださいません。頭に血が上っていますから、ダメだと申し上げても聞く耳をお持ちではないのです。

恋愛の場合は本人が夢中ですから、「良くないからやめなさい」と言いますと、信じられないような顔をされます。ここで神様の言うことを聞いて、もっといい話があるだろうと止める人もあれば、そのまま無視して突き進んでしまう人もあります。

なかには遊び半分でやって来て、言ったことを少しも信じない人もいます。また止めているのに結婚してしまう人たちもいます。

あるとき男女六人のグループが突然やって来ました。高校生三組のカップルでした。私のことを噂で聞いてやって来たのでした。三組はそれぞれ恋愛中で、「結婚したいのですが、見てもらえますか」と言いました。私は即座に「これはアカン。三組ともすぐ離婚です。やめなさい」と断言しました。女性たちの方が、わがままでひどすぎたのです。六人は「そんな馬鹿な」と叫びました。そこで私は、「そんなこと言うのだったら帰んなさい」と追い返しました。六人はポカンとして帰って行きました。

数年後、三人の女性が幼児を連れてやって来ました。私はその三人が誰だかまったく思い出せませんでした。ところが驚いたことに、彼女たちは、「先生、覚えていますか。みんな離婚しました」と切り出してきたのです。私は「たくさんの人が来られるから、いちいち覚えてられますかいな」と相手にしませんでしたが、なんと彼女たちはその六人のうちの片割れだったのです。そして「やっぱり、おっしゃることを聞いておけばよかった」と反省の言葉を繰り返しました。

　私は呆れ返って、「結婚なんて簡単にできるけど、できてしまった子どもはどうするんですか」と言うしかありませんでした。私には最初に見たときに、この女性たちが家庭に入ると、家の中がひっくり返るほど手に負えない奥さんになることが分かっていました。恋愛と結婚は違うのです。

　結婚同様、私には離婚のこともすぐに分かります。

　ある信者さんのお友達が、結婚のことで来られたことがありました。私は「いずれうまくいかなくなるからおよしなさい」と申し上げましたが、その方は結婚されました。そして三十年後の今になって、離婚騒動が持ち上がりました。この方は、「やっぱりあのとき言われた通りになってしまった」と悔やんでおられるそうです。

　ある男の人には、「こんな女性と結婚すると、すぐに別れることになるからよしなさい」と申し上げましたが、聞かずにしてしまわれました。すると案の定、半年で離婚してしまわれました。つぎのお嫁さんを見つけて来るまで出入り禁止にしました。

家を継ぐ継がないということも、結婚同様に大切なことです。長男がいるのに養子をとろうとしたりすると、ろくなことにはなりません。長男には長男の役割というものがあるからです。

また、神様は生命の誕生のこともよく御存知です。男の子か女の子かということもすぐに分かります。

Uさんの息子さんはお子さんがおできになったとき、生まれる少し前に、「男の子さんです」と申し上げました。ところが、「病院では女の子だと言われました」と言って報告をして来られました。それで私は、「おかしいですね。そんなことはないはずです」と申し上げました。結果はやはり男の子でした。病院でも間違うことはあるのです。

神様は生命を授けられることもあります。ときどき「男の子を授けてやる」と言われることがありますが、すると必ず男の子ができます。そのために、女の子ばかりだった家が、神様の言われた養子をもらわれると、男の子ができて喜ばれたりします。

古い信者さんであるTさんは女の子が二人あり、長女に養子をもらわれました。ところが何年も子どもができませんでした。そして旦那さんが九州に転勤になりました。そのときに神様は、「子どもができないからといって、薬を飲んだり治療を受けたりするな。その代わりに焼酎を飲め」とおっしゃいました。すると男の子ができました。体の冷えが原因だったようです。

次女はお姉さんに子どもができないので、自分が先に産めないと言っておられましたが、その後やはり男の子ができました。

子どもができないのは、霊が作用していることもあります。あるお店の娘さんは、何回養子をもらわれても養子さんが帰ってしまわれました。そこで、なぜなのだろうと言って相談に来られました。御祈禱をすると、この人のお母さんが亡くなったときに、子どもさんがお腹にいて、それに気がつかずに葬ってしまわれたことが分かりました。その赤子は供養されていなかったのです。

その家のおばあさんにそのことを訊《き》くと、「やはりそうでしたか。どうもそうではなかったかと思って気になっていたのです」と言われました。そこで水子を供養すると、つぎに来られた養子さんとの間には子どもさんができました。

二十一　自然が神様

自然は生きています。一木一草《いちぼくいっそう》にも命が宿っています。断食をしていると、頭が冴《さ》えてきて、自然の中のさまざまな生き物の声が聞こえてくるようになりました。私には、自然のあらゆるものが語りかけてくるのです。木や動物の言っていることが分かるのです。

伏見稲荷に根上りさんという御神木があります。足腰の神様として有名です。いまは上半分が切られてしまい、残された樹幹は大半がコンクリートで覆《おお》われています。たくさんの参拝者が触って行くので、木肌がボロボロになってしまわれ、コンクリートで保護されているのです。コンクリートで覆われていない一部の木肌は、その上に赤い布が巻かれています。

ある日根上りさんで拝んでいますと、突然神様が「赤い布にしわが寄っているので、それが痛くてたまらない」と言われました。「人間でも固いシワが寄った衣服を身につけると、それが当たって痛いだろう」とおっしゃるのです。「本当ですね。巻き方がへたで失礼しました」

と申し上げてから、そのシワを直してあげました。そのときわずかに、露出した木肌の部分が少し動いたような気がしました。

　このように神木には神様がおられ、木もまた語りかけてくることがあるのです。

　私は鳥とも交流できます。私は自宅の庭で野菜などを作っているのですが、カラスがよくやって来て、作っているものを取って食べてしまうので困っています。それでカラスに、「イチジク以外のものを取ったら子を産ませないよ」と言いました。するとピタッとやめてしまいました。いまではイチジク以外のものは食べません。

　伏見稲荷でお山をしているとき、春などはウグイスがよく鳴いています。まだ若いウグイスはうまく鳴くことができません。そのウグイスに「上手になりなさいよ」と言うと、私にずっとついて来て鳴いています。私に聞いてくれと言うのです。私が「だいぶうまくなったね」と言ってやりますと、喜んでいます。鳴き声で若い鳥か大人の鳥か分かります。自宅にやってくる鳥が、伏見さんまでついて来ていたこともありました。

　私は犬が好きで、これまでに三匹飼いました。犬というのは賢い生き物で、眷族《けんぞく》さんと同じです。人間以上に賢い生き物だと思います。犬はお稲荷さんとすぐに仲良しになります。飼った犬はみんな耳がピンと立っていました。神様のおっしゃることがよく分かるからでしょうか。最初に犬を飼ったのは戦前の和田山《わだやま》時代で、柴犬でフジゾウといいました。これは軍隊に軍用犬として取られてしまいました。

二匹目はメリーといい、白いきれいな犬でした。コリー種でした。この犬は和田山時代にフジゾウのあとに飼っていましたが、鳥取に連れて行きました。それから三人の子どもたちと一緒に暮らしました。一番下の子どもとは、同じ布団《ふとん》で寝ていました。

この犬は、私が出かけてしまうと、その日から縁の下に入って出て来ませんでした。そして私が帰るという電報を打つと、列車が着く時間に外に出て来て出迎えてくれました。その間何も食べていませんでした。私を見ると、パン屋さんでパンと牛乳を買ってくれと催促しました。

お使いもよくしました。玉子がゆで上がるのを、店の前で待ってもって来ました。買ったものはコタツの上に置いてから、近所にケンカに出て行きました。

この犬は昭和四十四年（一九六九）の一月に死にました。鳥取の自宅の近所に葬ってやりました。それから安産の神様として、近所の人たちがそのお墓に参って来られます。

ついで三匹目を福知山で飼いました。この犬はタローといい、柴犬でした。とても賢い犬で、お使いはするし、検査に連れて行っても、ちゃんとレントゲン台に乗っておとなしくしているという、もの分かりのいい犬でした。注射をするときも騒ぎませんでした。

いずれの犬も十年以上生きていました。私の心をよく分かってくれました。タローは福知山のあるお寺に葬って供養しています。

何度も申しますが、自然が神様です。自然の中に霊があり、それが肉体に宿るのです。神様仏様はみな自然の中におられます。だから私たちは先祖を祀り、神様に手を合わせてきたのです。自然の中の霊と先祖が神様で、一番力があるのです。形のないものが、一番力があります。

霊の世界も複雑です。私のような霊能者には、霊の世界が分かります。だから霊能者なのです。

霊には悪い霊もあります。死後に供養されなかった霊です。そういう霊は、ポンとたたくだけで払えるものもありますが、除霊《じょれい》しなくては払えない霊もいます。除霊するには、する側の霊力が強くないとできません。霊能者の力が高くなければ、悪い霊の力に負けてしまうからです。つまり、霊能者に立派な強い神様がつかなければ負けてしまうのです。そのためには、霊能者が行を積んだ能力の高い人でなくてはなりません。そうでないと立派な神様がつかれないからです。

除霊については、何も食べなくなって部屋にこもっていた女性を、根上りさんで御祈禱して治したのがその一例です。これはすでにお話ししました。

また霊について調べることもできます。私が霊媒《れいばい》となって、ほかの霊が自分のことを語り始めることがあります。このとき私は何も覚えておりませんから、記録する人を頼んで、私の語ることを記録してもらわないといけません。

私には仏様も分かります。死期の近い人には仏様がついておられます。以下はその一例です。二年ほど前のことです。お正月に伏見稲荷にお参りしておりました。そのときに、いつも私と一緒にお参りされていた方が、家族の人たちとともにお参りに来られました。しかし、しんどいと言われました。

私はすぐに、その方が肺と心臓をやられてしまっており、長くないことが分かりました。仏様がついておられたのです。それで別室で休みなさいと言いました。仏様を相手にすると私が疲れるからです。結局その方は、帰られて数日後に亡くなられました。私には亡くなられる日がいつであるかも分かっていましたが、誰にも言いませんでした。

私には霊がたくさん寄ってきますので、普通はポンと払うことができるのですが、状態によってはそれに引っ張られてしまうこともあります。そのときは周りの人が見ると、何やらブツブツ言っているようにしか見えないそうです。霊と話しているのです。生前のことで文句や不平を言いに来るのがいますから困ったものです。たくさん寄ってきて、夜中に宴会を始めるのまでいます。

今の若い人は、悪い霊に憑《つ》かれた人が増えています。昔に比べて変な若い人がたくさんいます。わけもなく暴れ出したり、自殺しかけたり、おかしな宗教団体に入ってしまったりと、変な人があとを断ちません。私のところにもたくさん来ます。

変な声が聞こえて来ると言ってみえる若い人もいます。幻聴です。分裂病（統合失調症）ではありませんが、こういう人も多くなりました。こういう人は、最後には医者からもらった薬をたくさん飲みすぎて、本当の精神障害者になってしまいます。

その一例をお話ししますと、会社勤めをしている二十代の青年が、母親連れで変な声が聞こえると言って来られたことがありました。会社にも出られなくなってしまったというのです。幻聴も、私のような神様の声ならいくら聞こえて来てもいいですが、若い人たちの聞いているような悪いものなら困ります。こういった症状に打ち勝つためには、自分が強くなることが大切です。そうすると幻覚は逃げて行きます。

それにはまず絶食することです。すると体が軽くなり、眠れるようになります。よく眠ると、体が安まり、頭の中がすっきりします。テレビやビデオも断つことです。見過ぎ、聞き過ぎはよくありません。毒です。こういったものを見過ぎると、目が疲れます。

目が疲れると、体のすべてが疲れます。だから目を休めて自然を見るようにしなくてはいけません。自然と一体になり、自然と語ることで、無になれます。絶食をして自然の中にいると、すべてのものが生きているのが感じられるようになります。すると精神が統一されて来ます。

今の若い人は、怖いものやつまらないものを見過ぎているので、精神がバラバラになっています。

またいまの若い人たちは、生まれたときから、母親が身の回りのことをすべてしてくれる生活に慣れきってしまっていますので、自分ではただ食っちゃ寝、食っちゃ寝の楽な生活しかしてきていません。ですから、心が弱く、幻覚などにすぐ憑かれてしまうのです。

この若い人のように、いい大人になっても、まだ母親が付き添って来るのですから情けない話なのですが、それを親子とも分かっていません。今の母親は、いつまでたっても子どもから離れることができません。そして、子どもにうまいものを食べさせて楽をさせているから、子どもはいったん働きに出ると、すぐにしんどくなり頭が疲れてしまうのです。楽をさせすぎる母親に、子どもを悪くする原因があります。自然が神様であり、それに応えることが労働です。そのために肉体というものがあるのです。

今の若い人は、悪いものに憑かれた人がたくさんいます。これは霊感の利く人にはみんな見えます。霊の憑いた男の子は二重になって見えます。善霊と悪霊とが二つついています。脳の神経がダメになっています。

心の弱い人、心に空白のある人は、ヤクザにつきまとわれるように悪い霊につきまとわれます。しかし、この悪霊は取ることができます。本人が素直になり強くなりさえすればいいのです。自分が強くなったら幻覚は逃げてゆきます。

悪い霊に憑かれた人たちは、気持ちがグチャグチャになっています。半分獣《けもの》になっています。だから人も平気で殺すのです。魂が悪ければ人殺しもします。世間は、どうしてあんなまじめな親から人殺しの子どもが出てきたのかとよく言いますが、肉体は親からもらっていても、魂は別の物だからです。

物のたくさんある楽な生活をしていると、何もかもが自分のものだと思うようになり、何でも自分の好きなようになると思うようになります。そのために、感謝の気持ちを忘れ、悪いものに憑かれるようになるのです。こういう霊は成仏《じょうぶつ》できません。

今の世の中は夢遊病者がうじゃうじゃいます。亡者がたくさんいます。感謝のできない人たちがたくさんいます。親が子どもに感謝の気持ちを諭すことができず、生命の尊さを教えなければ、子どもは悪くなっていきます。だから人も殺します。一生懸命に働こうともしません。ただおやつをもらって、寝転んでテレビを見ているだけです。

親は親で二人とも働きに出ており、帰って来ても食べ物を与えるだけです。二人とも子どもの手本になるような生活はなにもしていません。日本は戦争に負けたのに、戦後日本人は贅沢《ぜいたく》な暮らしをしすぎました。戦後、食べ物に困ったせいか、誰も彼もが一斉にお金を稼ぎに走り出しました。そして、愛情なんてどうでもよくて、物さえ子どもたちに与えておけばいいと、錯覚するようになりました。哀れなのは子どもたちです。

しかし、それでもまだお金がないと言っています。だがこれは、もっと生活の水準を落とせば解決する話なのです。もともと日本人は質素な生活しかできないのに、それを忘れてお金のある生活をしようとしたのが間違いのもとなのです。今の親たちは、子どもを遊ばせるために必死になって働いているようなものです。子どもに楽をさせてお金を与えてはいけません。母親は外に出ず家のことをすればいいのです。

霊には憑依《ひょうい》霊と先祖の霊があります。憑依霊は払えますが、先祖の霊はなかなか浄化できません。先祖の霊は、各家でお祀りしていただかねば、私にはすぐさまどうこうすることはできないのです。ですから、私は先祖の供養は大切だと常々《つねづね》言っているのです。

憑依霊はいくらでもいますから、払ってもまたつぎの霊に憑かれます。ですから、心を清く強く持つという各人の日々の鍛錬《たんれん》が大切になってくるのです。霊は目には見えませんが、皆さんの周りにはたくさんいます。肩にもとまっています。この霊が、病気を起こしていることだってあるのです。この場合は医者にかかっても治《なお》りません。

人間は死後五十年経って成仏したら、魂は天上して空気の中にあります。そして赤ん坊の中に入って生まれ変わります。

日本は戦後五十年経ちましたが、戦争で死んで供養されずにきた霊がたくさんいます。その祀られないできた不幸な霊が、生まれ変わりようがないので、無茶苦茶をし始めました。今、日本がおかしくなってしまったのは、こんなことにも原因があるのです。供養を忘れた結果です。

今の人たちには、自然が神様ということが本当に分からなくなってしまいました。ですから平気で自然を破壊できるのです。人々の心から、神様がいなくなってしまったからなのでしょう。

二十二　神様と本当の信仰心

お稲荷様は明るくて愉快な神様です。いつも「代《だい》、代」と言って寄って来られます。神様はやって来られると、何かを言ってどこかへ行ってしまわれます。神様はいつもひとつのところにいらっしゃるわけではないのです。

人もまた、しかめっ面《つら》などしていないで、ニコニコと陽気に生きたほうがいいと思います。それが神様の心に近づく早道なのです。おたふくはぶさいくな顔をしていますが、ニコニコとしていて明るいから、人気があるのです。それが幸運のカギなのです。

人間はウソをつきますが、神様はウソをつかれません。言われることはすべて本当のことばかりです。そして、必ず言われたようになっていきます。私はそれをお伝えしているにすぎません。

ですから、私の前でウソを言っても、すぐに分かってしまいます。自分のウソがばれるのが怖くて、私の前に出てこれなかった人もいました。

神様は物知りですから、すべてを教えて下さいます。

私が忘れていても、神様は覚えておられますから、すべてを聞くことにしています。ですから私は勉強する必要がありません。しかし、普通の人は勉強しなくてはいけません。神様が直接つねに教えて下さるわけではありませんから。

あるとき、神様が突然、よく売れたある学者さんの本を持って来いとおっしゃいました。それは万葉《まんよう》時代の有名な歌人のことを書いたものでした。「間違っているところを言うから、赤線を引け」とおっしゃるのです。半分ぐらい間違っているとのことでした。しかし万葉言葉で言われるし、私には本の内容がさっぱり分からないので困りました。

このように、ずいぶん古いこともよく御存知です。古いと言いますと、神代《かみよ》のことから知っておられます。

もちろん新しいことも御存知です。私はコンピュータのことなど分かりませんが、あるとき学者の卵君が、コンピュータが動かなくなったと言って電話をかけてきました。私は何のことだか分からないので、そのまま神様にお伝えし、神様がおっしゃることを、そのまま卵君に伝えました。すると動くようになったと言って電話がかかってきました。

神様は、私のところに来られる方はどんな方なのか、すべて教えて下さいます。それを知ったうえで私はお相手をしています。また、今どうしているかもみんな教えて下さいます。お会いしたことのない方でも、氏名と生年月日だけでどんな人なのか分かります。

ただ、私は教えていただいても、必要なこと以外は絶対にしゃべりません。その信用があるので、神様は何でも教えて下さるのです。

神様は何がどこにあるかもよく御存知です。私が自宅でよく財布などを探していただくことはすでにお話ししましたが、ここでは別のことをお話ししましょう。

あるとき舞鶴の自衛隊が海上で演習中に、機関銃二丁がなくなっていることに気づきました。そこで婦人会の会長さんが、探して欲しいと言ってやって来られました。

私は「神の札を書いて海に流しなさい。そしてその札が海上でクルクルと舞ったら、その下に機関銃が沈んでいます」と申し上げました。すると申し上げた通り、機関銃は見つかりました。引き揚げてみると、錆《さ》びつきもしていなかったそうです。

人間は自然なしには生きていくことができません。自然に感謝しなくては生きていけません。神様は、手を合わせてもたれきったものには必ず応えられます。ですから、信じてもたれきることが大切です。それが信仰というものなのです。

信仰とは、自分がお願いをしたら任せきることです。そうしていれば、奇跡も起こるのです。

ただ、無理なお願いはしてはいけません。宝くじで一千万円当てたいとか、そういった類《たぐ》いのことには当然のことですが応えて下さいません。それはたんなる欲にすぎないからです。

神様ごとは迷ってはいけません。「本当かな」と言ったり、「できるかな」と言ったりしていると、聞いて下さいません。素直に従うことが大切です。すると、できないんじゃないかと思っていたことでも、実現してしまうのです。

神様にも好き嫌いはあります。素直でない人、感謝のできない人、欲の強い人、信じない人にはそっぽを向いてしまわれます。はっきりと嫌いだとおっしゃいます。ですから、私はそんな人にはお帰り下さいとはっきりと申し上げます。

砂澤たまゑ（2002年ごろに撮影）

あるとき、ある方の紹介で、ホテルの経営をしている人が黒塗りの車で来られました。指にいくつもダイヤの指輪などをした、見るからにいやらしい人でした。身内の相続争いで来られたことはすぐに分かりましたので、お話をうかがわずに即座にお帰りいただきました。

逆に素直で神様のおっしゃることをよく聞く人、感謝の心を持っている人は好かれます。そういう人には神様が憑かれます。神様が憑かれると、いい方へ、いい方へと人生が向かうようになります。

人間、欲を持ってはいけません。お金や物をため込んだりしてはいけません。すべての物は自然からいただいたものですから、持ちすぎてはいけないのです。一日一日をまじめに生きていくことが大切です。

お金は天下の回り物。身分不相応に持ってはいけません。ため込まないで、余った分は撒《ま》いてしまわなくてはいけません。各人この世で使う分は決まっています。それをしないでため込むと、三代でダメになります。

今の人はそれが分からないから、不相応な欲を持ち、ローンを組んで、借金を抱えることになるのです。私はローンを組んだことがありません。

私は欲を持たないことにしています。欲を持つと本当の信仰はできないのです。神様からも固く禁じられています。

私は人の三倍も四倍も働いてきましたが、信者さんが置いて行かれたお金や物はすべて撒いてきました。私のいただいたお金は、神様が稼がれたものですから、それは神様にお返しするのが当たり前です。ですから、伏見稲荷にお参りするときは、たくさんお金を持って出ますが、すべて撒いてしまい、帰るときにはすっかりなくなっています。

修行時代は、京都駅に着くと、汽車賃を除いて一銭も残っていませんでした。そして帰るとまたゼロから働きました。するとまた、どこからともなくお金が入ってきます。それをまた神様にお返しに行くのでした。いまもこのことは変っていません。

こういうことに使うお金を浄財《じょうざい》と言います。その額が大きければ大きいほど、自分の身に返ってくるものも大きいのです。私の場合は、霊能者としてますます優れた力がいただけるようになるのです。

皆さんは、お賽銭《さいせん》を撒いてどうなるのかと思っておられるかもしれません。しかし、たとえ十円のお賽銭であっても、神様は必ず倍にして返してくださいます。お供えやお賽銭の本当の意味は、ここにあるのです。

ですから賽銭泥棒なんてもってのほかです。内記稲荷でもよく賽銭泥棒が来ます。でも神様はみんな御存知です。「また来たぞ」と言っておられます。

私はお山でお供えした物は、すべてお山に参られた講員さんたちに持って帰っていただきます。また福知山に来るお供えや、お歳暮・お中元も、みんな講員さんや近所の方々にもらっていただいています。お歳暮などは、ものすごく来て宅急便の人も呆れるぐらいですが、すべてきれいになくなってしまいます。

お供えした物は「お下《さ》がり」といいます。「お下がり」は独《ひと》り占《じ》めにしてはいけません。これはみんなで分け合っていただくことに意義があるのです。一人で持って帰ると、あとでろくなことがありません。

私は支部を作り講員さんができてからも、講費をわずかにいただくだけで、あとは一切請求せずにやってきました。お参りも強請したことがありません。来られる方はどうぞということでやってきました。御祈禱をしても、いくらくださいと言ったことは一度もありません。

これが本当の信仰のあり方だと思うのです。まただからこそ、たくさんの方々が私について来てくださったのでしょう。

ほかの教団のように、多額の寄付を要求したり多額の会費を納めさせたりすれば、すぐに潰れてしまっていたことでしょう。本当の宗教家にはなれなかったにちがいありません。

多額の寄付を要求したり、多額の会費を納めさせたりすることは、本当の宗教ではありません。また、政治に首を突っ込んだりするのも、本当の宗教ではありません。

本当の宗教家とは神の道を歩むものであり、神様にお仕えするものです。ですから、宗教家は俗事を離れて激しい行に励み、自分を鍛《きた》え磨き上げながら一人で生きなくてはなりません。それが本当の神の道を生きるという意味ではないのでしょうか。

おわりに

昭和四十年（一九六五）四月十日に、[65]大神様《おおがみさま》より三丹《さんたん》支部と命名していただきましてから、私はこの名前に恥じないように、大神様を親とも思い、師とも思ってともに生きて参りました。そして、信仰するものとして恥ずかしくない生き方をしたいと念じてきました。支部長の名に恥じぬよう、講員さんの長《ちょう》らしく生きようと心がけてきました。また、神様のお告げを守り、多くの信者さんや社会のために尽くしたいと、そればかりを心に言い聞かせてきました。

しかし、本当に未熟なものですから、どこまでそれがやりとげられたのか自信はありません。深夜目覚めては、これでよかったのだろうかと反省ばかりが湧いてきます。

これからも命の尽きるまで、大神様のもとに行くことができる日まで、信者の皆さまとともにあり、一日一日を大切に生きていきたいと思っております。大神様へのお礼は、真心《まごころ》と感謝、ただそれだけです。

七十歳を過ぎたころから、私の不思議な人生と講員の皆さまが体験された奇跡、そして大神様の御神徳《ごしんとく》と御神示《ごしじ》を書き残そうと願うようになりましたものの、毎日眠れないほど忙しく働いてきましたので、とても机に向かう余裕などありませんでした。

それである方に、私がお話しすることをまとめていただくことにいたしました。Nさんです。それから時間を作っては、この方を前にして、思いつくままに語るようになりました。ただ、Nさんは神様や信仰のことは何も御存知ありませんでしたので、まず私のことや、大神様のこと、信者さんたちのことを理解していただくのに時間がかかりました。

それから私が大病をしたり目を悪くしたりしましたので、書いていただいたものを読むことができなくなってしまい、長らく中断もいたしました。

その間もNさんは熱心に私のところに来られ、信者さんたちからも話を聞かれ、その体験談も取り入れながら、一冊の本にまとめあげてくださいました。

こうして、ようやく、ささやかではありますが、一冊の小さな体験記を完成させることができました。

この本を読まれて、神様は本当におられ、一心に信心すれば、どのようなことを叶《かな》えてくださるのか、本当の霊能者とはどのようなものかを、少しでもお分かりいただけたなら嬉《うれ》しく思います。

私を見ていて、皆さんはよくどうすれば私のようになれるのかと質問されますが、これには答えようがありません。私にも分からないからです。

私は因縁《いんねん》を受けてこういうふうに生まれてきたのであり、なろうと思ってなったのではないからです。何度頭がおかしくなったか分かりません。それと闘うことで、行《ぎょう》を積み重ねてきました。そして行を積んでいくうちに、霊の世界が見えてきたのです。それは説明できることではありません。

また、私のようなものは、何十万人に一人あるかないかぐらいの運命を辿《たど》らなければなりません。厳しい修行の道を行くのですから、誰にでもできるというわけではないのです。講習を受ければ誰でも教師にはなれますが、私のようになれるとは限りません。そんななまやさしいものではないことは、私の人生を少しでも知ってくださった方にはよくお分かりいただけたことでしょう。

ある方は私を見てこんなことを言われました。「神様にも力のある立派な神様もあれば、そうでない神様もある。その神様のお使いをするお代《だい》もまた、立派な人もいればそうでない人もいる。お代が立派でなければ、神様は動きようがない。神様はお代によって光る。だからお代は誰にでもできるものではない」と。

伏見稲荷に参りましても、年々お参りする人の数が少なくなっています。それを見るたびに、私は一抹の淋《さび》しさを禁じえません。私の一生がどれほど信仰心を伝えることができたか、どれほど人を導くことに役立ったのだろうかと思うたびに、その非力が悲しくなります。

今の時代は物質的に豊かで満ち足りていますから、信仰心はますます廃《すた》れていくように見えます。しかし、このつけはいつの日にか回ってくるでしょう。

思えば私の人生は、人様のためにあるような人生でした。自分のことなど考えている時間はありませんでした。

こんなに厳しくて苦しい修行の道は、もうご免だと思うことも数限りなくありました。でも、なんとかそれに負けずに生きて参りました。

人はこの世に修行に来ています。どのようにこの世で生きたのかによって、あの世での価値が決まります。大神様はどなたがどのように生きたのか、みんな御存知なのです。それが分かっていただければ、今のようなひどい世の中も、少しはよくなると思うのですが……。

それにしても、夢のような不思議な人生でした。

増補改訂版『霊能一代』の註

二〇〇四年七月刊行のオリジナル版『霊能一代』(新元社)のもとになった原稿は、最初は出版を目的として書かれたものではありませんでした。それが一転して出版されることになったのですが、諸般の事情で、私(内藤)以外の人の手や校正が入らず、語り手(砂澤)のチェックもほとんどないまま、本になってしまいました。そのために、語り手の記憶違い、事実関係・史実誤認、話し言葉特有の不正確な表現、語り手特有のオーバーな表現、そして私の単純なミスなどがかなり含まれていることに、後日気がつきました。

このたびの復刊に当たっては、本文をほぼオリジナル版に近い形で残すため、明らかな間違いや誤植、事実・史実誤認だけを訂正し、特に重要な誤りと思われる個所は、註の形で読者に示すことにしました。訂正を徹底的に行っていくと、オリジナル版の本文を大きく移動・改変することになり、本文の雰囲気をそこねることにもなります。さらに語り手の言葉をもとの形で保存することができなくなりますので、今回は見合わせました。

なお註の内容は、内藤の私見も述べておりますので、この点をご了解いただけますと幸いです。

註の番号は本書の第一部、第二部、おわりにの本文中の該当箇所に示しました。

内藤憲吾

【第一部・註】

1. 正確には寺谷一一五番地だが、寺谷は砂澤の記憶違いで、生地は大蔵村宮田四六一番地だった。砂澤は二歳のときに宮田から寺谷に移っている。
2. 旧民法では、長男・長女の結婚は法律上婚姻届が認められていなかった。そのため戸籍簿には父親の名前は書かれておらず、戸主は砂澤の母むなになっている。砂澤の旧姓は尾下で、これは母方の姓である。父親の名は菊松で、尾下家の墓には菊松の名前が刻まれている。

3. 和田山に移ったのではなく、和田山町の宮田から寺谷に移った。

4. 弟は長男の長次郎。

5. これは不正確で、いくらなんでも逆さにぶら下げることはないだろう。また当時、輸血は行われていなかった。近代の科学的な輸血法が日本に入ってきたのは、大正八年（一九一九）のことで、一般的になったのは昭和五年（一九三〇）以降といわれている。このケガで危険だったのは、傷口から細菌が入って全身に回ることだった。今とは違い抗生物質がなかったので、細菌が体内に入ると抵抗力の弱かった幼児は特に危険だった。傷口を消毒して縫っただけで助かったのは、幸運だったといえるだろう。

6. 戦前にもパチンコ屋はあったが、千円も持って出るわけがなく、当時はたばこ代が七銭だったので、持っていたのは二十銭ぐらいだっただろう。

7. 昭和四十一年（一九六六）九月のことだった。

8. 当時、アパートは新式の高級住宅で、賃料は高かった。砂澤は齢も若かったので、アパートではなく、医者が保証人となって、貸間下宿のような部屋を借りて暮らしたのではなかろうか。

9. 当時、文化洋裁学院はなく、戦後に文化服装学院が大阪にできた。この種の学校は裕福な子女の入れるところで、砂澤は入ることができなかっただろう。砂澤は授産所でミシンの技術を学んだと思われる。

10. 当時、五銭から五十銭が相場だった。

11. 昭和二十二年（一九四七）に豊岡町（現、兵庫県豊岡市）在住の矢部愛助と結婚している。

12. これは砂澤独特の用語だが、不正確である。相手の男性は結婚したいと思っていただけで、お互い結婚を約束していたわけではなかった。

13. 亡くなった父の霊。

14. これは臨死体験とよばれている。

15. 秘密部隊ではなかった。たんなる軍属の一行にすぎなかった。

16. エコノミー症候群とよばれている。

17. 一般的には風船爆弾といった。

18. これは満州からではなく、昭和十九年（一九四四）十一月から二十年六月までの間、内地（千葉県・茨城県・福島県の海岸の基地）から飛ばしたものである。

19. 実際には「二十四日六時を期して百トン以上の船は渡航を禁ず」だった。しかし釜山・仙崎間の連絡船は例外だった。

20. 徳寿丸で、仙崎港に向かった。

21. 清水は、中尉ではなかったと思われる。乗船を取り仕切っていたのは釜山の日本人世話会の人だったので、軍人ではなかっただろう。この世話人会の中に清水という姓は二人いた。したがって、身代わりになってくれたのではなかった。

22. 砂澤はいつも東萩と言っていたが、これは記憶違いである。東萩ではなく山口県長門市の仙崎港だった。

23. 砂澤は東萩のシンショウジと言っていたが、東萩にこの名前の寺はない。これは、仙崎港の近くにあった遍照寺である。

24. 敗戦直後の混乱期なので行政は麻痺しており、こんなに早い時期に訃報は出ていないと思われる。ちなみに、弟の戦死の公報が出たのは十年後だった。

25. この辺りは話が飛んでいる。砂澤は昭和二十二年（一九四七）に矢部愛助と結婚しており、しばらく兵庫県豊岡町（現、豊岡市）に住んでいた。この時期、夫婦で商売をしていたようだ。

26. お菓子屋ではなく駄菓子屋だろう。

27. この辺りは話が錯綜しており分かりにくい。砂澤はいつの時代か言わないことが多く、この事件もそうだった。オリジナル版の原稿を書いていたころは、この事件がいつだったか時代が特定できなかった。砂澤は昭和二十二年の八月に結婚しており、兵庫県豊岡町に住んでいた。商売をしたのはこれ以後である。結婚するまでは、行をしながら仕事を探していた。伏見稲荷にも行っていた。いくつか大病も患った。出征した男性の死亡も明らかになり、落胆した。その挙句、何もかもが嫌になり、自殺を二回試みたが、いずれも失敗に終わった。ひとつは睡眠薬によるもので、もうひとつが、トンネル出入り口の上から列車めがけての飛び込みだった。結婚について砂澤は、何も語らなかったので、まったく知らなかった。

28. 自殺未遂の後、昭和二十二年に結婚している。戦争に行った男性の死が分かり、どうしても死ねなかったので、神様から逃げる意味もあって、結婚することにしたのだろう。しかし商売がうまくいかず、食い詰めた挙句、ついに神様の道一本に絞ったと思われる。激しい行はそれから行った。

29. 当時、タバコはひと箱四十五円ぐらいだったので、百箱とれたとしても五千円である。いくら玉が出たといっても、タバコは百箱ぐらいしかとれなかっただろう。

30. これは完全に間違いで、戦前のことである。この方が亡くなったのは戦後だった。

31. 伏見稲荷での行は、戦前から行っていた。足しげく通うようになったのは戦後である。

32. これも完全な間違いで、戦前のことだと思われる。砂澤が十七歳で御神璽を受けた後のことだろう。砂澤から話を聞いていた時は時期が分からなかった。

33. 広島ではなく、岡山市にある最上稲荷系の稲荷神社。

34. 山東町の時代、砂澤は実弟の子どもも育てていた。二番目の弟の妻が早くに亡くなり、幼子を抱えて祖母（砂澤の実母）が困っていたので、引き取って育てている。合計三人育てていたことになる。

35. 六人は明らかだが、後の三人は不明である。豊岡時代かもしれない。

36. この日付は神社側の記録では、昭和四十一年（一九六六）二月十三日となっているので、記憶違いではなかろうか。前田に教会ができたときよりもあとのことになる。

37. これも記憶違いだろう。前田に教会ができたのは昭和四十年（一九六五）四月十一日だった。

38. マルサン業務スーパー前田店で、国道福知山綾部線の道路わきにある。

39. これは砂澤特有のオーバーな表現の一例で、記憶がなかったのはもっと短期間だった(遺族談)。

40. 同じころではなく、昭和四十七年(一九七二)九月十六日のことだった。台風20号が直撃した。

41. 二十六頭の牛が流され、二十五頭は回収できたが、一頭は行方不明となり、戻ってこなかった。

42. 軽い脳梗塞だった。

43. 註の12を参照。

44. 山口県美祢市にある自住禅寺の住職だった大庭青雨である。

45. 大庭は、僧侶で歌人で地方の文化人だった。短歌の同人誌「水瓶」の同人で、主宰者ではなかった。

46. 大庭が短歌を指導していた人たちの集まり。

47. 山口県は大島郡久賀町(現、周防大島町)、九州は熊本県の荒尾市だった。扱所は、個人宅だったが詳しい住所は不明。

48. 昭和四十年(一九六五)の記憶違いだろう。

49. 平成元年(一九八九)。

50. 昭和六十二年(一九八七)六月のことだった。

51. 参集殿は、令和三年(二〇二一)に取り壊された。

52. この話はのちにMさんが辞退してなくなった。そのために砂澤は平成十九年(二〇〇七)に自分で八基目のお塚を建てている。

53. 蛇神のことで、砂澤はいつも「ミーさん」と言っていた。白蛇の霊である。

54. その後、砂澤は自分だけの判断で、家族に相談することなく、離婚届を出してしまった。

55. 平成十六年(二〇〇五)の秋に、信者の上地(仮名)さん宅に移った。

【第二部・註】

56. 全日空松山沖墜落事故。昭和四十一年(一九六六)十一月十三日だった。

57. 昭和六十三年(一九八八)七月十五日午前四時のことだった。宿坊の赤松院から火が出た。

58. これを「足止め」という。

59. この話は完全な記憶違いである。当事者の話によると、これはバイクの事故ではなく、砂澤は当時、山東町には住んでいなかった。また一緒に住んでいたおばあさんが一階にいて、二階に上がっていく気配に気が付いたわけでもなかった。本人は出先で酒を振る舞われ、酩酊して帰り道で転倒し、顔面を強打して意識を失ってしまったのだった。気がついてみると自宅の二階で血まみれで寝ていた。どうして帰宅したのか分からず、階段に足跡も残っていなかった。ただ窓際に干してあった茶の葉が踏みつけられて散乱していた。砂澤は遠隔地の出来事を知る能力があったので、この時も神様に言われてすぐに分かったのだろうと事故の当事者は言っている。この話はさまざまな要素が混合している。

60. この弟は、三男の尾下勇である。

61. この妹は、三女の高木夏子である。

62. この妹は、次女のたつ子で、昭和二十七年（一九五二）六月一日に交通事故死した。

63. この稲荷山での修行のことは自伝などには書かれておらず、嘘ではないかと疑っていたが、伏見稲荷の神職の方も本当だと言っておられた。

64. 福知山市発祥の天藤製薬で、大正期にボラギノール坐薬・軟膏を発売する。現在はロート製薬の子会社となっている。

【おわりに】

65. 註の36を参照。

【追記】最晩年の砂澤

オリジナル版の第一部は、二〇〇三年の秋で終わっています。砂澤に原稿を送ったのは一九九九年の秋で、第一部は本来なら、砂澤に話を聞き終えた一九九九年の三月で終わっていなければなりません。それが四年ほど延びているのは、二〇〇三年の秋から手直しを始めたため、一九九九年三月以降に見聞した話を追加したからです。

二〇〇三年の秋以後の砂澤の動向は、『お稲荷さんと霊能者』（洋泉社）で簡単に書きましたが、ここで再度触れることにします。

内記《ないき》稲荷《いなり》神社の側《そば》にあった砂澤の自宅が、道路建設のために取り壊されることになり、福知山市から立ち退きを強《し》いられていた砂澤は、移転先が決められず、なかなか腰を上げようとしませんでした。

そのために、市の職員がときどき砂澤の自宅を訪れて催促していましたが、砂澤は応じようとはしませんでした。

私は、砂澤の自宅を訪れた時、偶然その場面に遭遇し、外でやり取りを立ち聞きしてしまったことがありました。砂澤は「なんで出て行かんならんのですか」の一点張りで、出ていけと言われていることが理解しかねる様子でした。市の職員も困っているようでした。

砂澤が住んでいた自宅の土地は、内記稲荷神社のもので、借地でした。内記稲荷に移って来た時、砂澤は側にあった官舎の建物を借りて住んでいたのですが、一九八九年に取り壊し、新しい家を建てました。その時、いずれ道路ができるので立ち退かなければいけないと市から言われていたのですが、それを忘れてしまっていたのです。

砂澤はある時、「道路をたくさん造りますが、そのうち日本は、車なんか走らない道路ばかりになってしまいます」と、うんざりした顔で言いました。

第一部では「とうとう内記稲荷神社を離れることになりました」と書きましたが、砂澤が実際に移転するのは、かなり時間がかかりました。

その間に、自分の家に来てほしいと受け入れを表明した信者さんが、何人か現れました。ある人は、「神さんが来てくれるのはありがたい」と嬉《うれ》しそうに言いました。〝神様（砂澤）争奪戦〟が始まったのです。しかし、砂澤はなかなか決断しませんでした。

この時期、砂澤は他の人が物を盗ったとよく言うようになりました。この傾向は二〇〇〇年を過ぎたころから始まっていたのですが、それが激しくなったのです。あらぬ疑いをかけられた人は何人もいて、中にはノイローゼになった人もいたそうです。また、人の悪口をよく言うようになりました。

　これらの兆候《ちょうこう》は、アルツハイマー型認知症が原因でした。介護の仕事をしていた人はすぐに砂澤がアルツハイマーであることが分かったそうですが、そうでない人はとまどいました。のちに砂澤を引き取った人が砂澤を医者に見せますと、砂澤はアルツハイマーの中期で、二〇〇〇年ぐらいから進行していたことが判明しました。

　二〇〇五年、砂澤はついに上地《かみじ》さん（仮名）のところに世話になることに決め、同年三月に、御神璽《おみたま》だけ先に上地さんのお宅に移しました。しかし、砂澤自身は内記稲荷の側を離れようとしませんでした。できるだけ他人の世話にはなりたくなかったようです。

　このあと、砂澤は御神璽を移したことを忘れてしまい、他の人のところへ移ろうとしました。上地さんは、砂澤の神様を祀《まつ》るために新しく神殿を作っていましたので、砂澤が他の人のところに移ろうとしていることを知り、慌《あわ》てて止めました。そのためにトラブルが発生しました。

　上地さんは、少しずつ砂澤の家財を自宅に移し始めましたが、そのために砂澤の自宅を訪ねると、「何しに来た」と言われる始末でした。

　この間、砂澤は自宅に閉じこもり、ほとんど外に出ないようになってしまいました。近くに住んでいる信者さんたちが、食事を持って行っても、中に入れないので、外に置いて帰らなければなりませんでした。食事にはほとんど手を付けていない状態が続きました。ほとんど何も食べていないので、砂澤は目に見えて痩《や》せてしまったそうです。

このような紆余曲折《うよきょくせつ》を経て、二〇〇五年の十月、砂澤はついに上地さんのお宅に移りました。移る時、「他人《たにん》の家に世話になるのは正気ではできない」とつぶやいたそうです。自尊心が許さなかったのでしょう。砂澤は、それまで死ぬ気でいたのかもしれません。

上地さんの家に移ると、砂澤は一室を宛《あてが》われ、また御神璽を祀るようになりました。砂澤はここでも、人の相談に乗るようになったのです。

上地さん宅は、兵庫県と京都府の境にある兵庫県側の町にあります。最寄り駅がＪＲ山陰線のローカルな駅で、鉄道を利用すると、そこから一時間ほど歩かねばなりません。車を持っていない私には不便なところですが、今はほとんどの人が車を持っていますので、不便ではなくなりました。

ＪＲ山陰線を利用してくる人は、特急の停車する駅で下車し、そこからタクシーを拾って来ていました。なかには関東から来る人もいたそうです。どのようにして砂澤のことを知ったのか分かりませんでしたが、なぜか連絡してくる人がいたのです。そうした人の中には、『霊能一代』を読んだという人もいたそうです。

ある時、ある病院の経営者が相談に来ました。病院の経営が苦しくなり、困って助言を求めに来たのです。砂澤は、病床数が百あったのを五十にしろと指示しました。さらに人も減らせと言いました。これでこの病院は立ち直ったそうです。

上地さんが、砂澤と神様の前に座《すわ》ってさまざまなことを話していたら、それが後日実現したということもたびたび起きました。上地さんは、神さんはよく話を聞いておられると思ったそうです。

砂澤は、二〇〇五年の時点で八十三歳になっていましたが、当たらなくなったとはいえ、これらの例でも明らかなように、まだ霊能力は残っていたのです。

私が伏見稲荷で砂澤と会ったのは、二〇〇五年の秋が最後でした。その後、砂澤が伏見稲荷に来ていたのか知るすべはありませんでしたが、ときどき訪れていたようです。二〇〇六年四月、砂澤は稲荷山の御膳谷《ごぜんだに》に八番目のお塚《つか》を建立《こんりゅう》しているからです。

当時、砂澤は、すでに引退して上地さん宅に移っていましたが、それでもお塚を作ってしまうのですから、大変な執念《しゅうねん》です。砂澤は、生涯で八つのお塚を作るのだと常々《つねづね》言っていましたが、本当にそれを実現してしまったのです。

お塚を作るのは大変な費用がかかります。御膳谷の用地を確保することは、誰にでもできることではありません。砂澤のように、伏見稲荷に多大な貢献をしてきたものでなければ、許可されないからです。

お塚を作ると、最初に伏見稲荷の神官さんなども招待して、盛大なお祭りが行われます。さらに直会《なおらい》（神事の最後に供物《そなえもの》やお酒を飲食すること）がもたれます。これらの費用も大変な額になるそうです。このお祭りを見た人は、ものすごく盛大だったと言っていました。

八番目のお塚は、二〇一番のお塚で、御膳谷の最奥にあります。祀られている神様は、豊受《とようけ》、豊川《とよかわ》、弘法大師《こうぼうだいし》、成田不《ふ》動尊《どうそん》です。これらは砂澤が内記稲荷で祀っていた神様と、尊敬していた空海《くうかい》、それに山岳修験《しゅげん》の仏様であるお不動さんです。いずれも砂澤に最も縁の深かった神仏ばかりです。御膳谷では、弘法大師はお稲荷さんなのです。

砂澤は、私が伏見稲荷で会わなくなってからは、車で山の途中まで運び上げてもらって、御膳谷に来ていたそうです。八十歳半ばまでお山をしていたことになり、私が会っていたころに、「歩けなくなったら車で運んでもらってでも行く」と言っていましたが、それを実行していたのです。

上地さん宅に移ってからも、砂澤は神様を祀り、御祈禱《ごきとう》を受けつけていました。しかし、老化などの影響で、さまざまなトラブルを起こすようになりました。

例えば、電話で御祈禱の予約を入れても、すぐに日時を忘れてしまうようになったのです。

そのために、相談者が約束の時間にやってくると、約束をしていないと言ったり、不在にしていたりすることがあり、やって来た人が怒りだすといったさまざまなトラブルが発生しました。以前のように御祈禱をすることは、無理になっていたのです。しかし、砂澤にその自覚はありませんでした。上地さんは、被害者に苦情を言われて困りました。

　このころ、砂澤はまだ霊能力が働き、霊能体質が残っていたので、ときどき奇怪な行動を見せることがありました。

　ある時、砂澤が着替えの最中に突然外に飛び出し、ものすごい勢いで走り出しました。上地さんは走って追いかけることができなかったので、車を出して追いかけて捕まえ、砂澤を車に乗せて帰りました。砂澤は憑霊《ひょうれい》体質なので、さまざまな霊が寄ってきやすく、憑《つ》かれやすいのです。元気な時はそれが簡単に切れたのですが、このころは弱っていたので、それができなくなっていたのです。この時も何かが憑いたようです。

　またある時は、突然「大きな魔が来る、近寄るな、中に入れるな」と叫び出し、玄関まで走り出て、倒れてしまいました。体は硬直しており、意識はしばらく回復しませんでした。意識が回復した時、力尽きた表情で、「中に入れなかった」とつぶやきました。私たちには見えないものと闘っていたのでしょうか。

　こうしたトラブルの多い日常の中で、上地さんはついに手に負えなくなり、砂澤を介護施設に通わせることにしました。砂澤は、ある施設のデイサービスに行っていた時、体操をしていると、足の骨が折れてしまいました。そこで、上地さんは砂澤を病院に入れて手術を受けさせ、一月《ひとつき》半ほど入院させました。

砂澤は病院を退院し、また施設に通うようになりました。すると、施設で、暇《ひま》を持て余してベッドの上で飛びはね、ベッドから落ちて着地に失敗し、反対側の足を骨折しました。それでまた病院に入り、退院すると別の施設に入りました。ここは経費が高いので、上地さんが困っていると、一月ほどで他の施設に空きができ、そこに移すことができました。

その施設は、空きを待っている入居希望者が三十八人もいましたので、上地さんは砂澤が入居できるまで、長い間待たねばならないと諦《あきら》めかけていました。そこで、砂澤の神様に祈って、どうにかしてほしいと頼んでいると、三十八人のうち三十六人を飛び越して、さほど待たずにすぐに入れました。砂澤の神様はよく働かれると、上地さんは感心しました。

このように、砂澤は、上地さんの家に移ってから二年間ほどは神様を祀っていましたが、その後は施設暮らしが多くなりました。最初の施設に入る時、砂澤は「今年でダメかもしれない」と言いました。上地さんが砂澤に、「先生の神様はどうされますか」と聞くと、砂澤が「伏見さんに返してほしい」と答えたので、上地さんは「それなら自分に祀らせてほしい」と砂澤に申し出ました。すると、「お前が祀ってくれるなら、それでいい」という返事が返ってきました。そのために、砂澤が祀っていた神様は、いまは上地さん宅で祀られています。

私は砂澤が施設に入ったことを、ある信者さんからのファックスで知りました。二〇〇七年の秋のことでした。一度見舞いに行かなくてはいけないと思いながら、諸般の事情でついに行けませんでした。見舞いに行った人の話を聞くと、その人は、「相変わらず元気でよくしゃべりますよ」と言いました。

施設に入っても、まだ相談のために砂澤を訪ねてくる人がいました。砂澤は施設の職員を捕まえては、見てあげると言って、こうしなさいと指示を出していたといいますから、最後までオダイの習性が抜けなかったようです。そのために、施設では若い人に人気がありました。

砂澤は、施設に二年間ほどいました。砂澤は、二〇〇九年の夏に体調を崩し、八月十一日に上地さんが砂澤を入院させますと、胆嚢《たんのう》ガンが見つかりました。かなり進行しており、手遅れでした。それで、上地さんは砂澤をそのままにしておくことにし、見守っていますと、九月十一日に砂澤の容体《ようだい》が急変しました。上地さんが病院に駆けつけると、砂澤はかろうじて息はしていましたが、上地さんが看護師さんと話をして帰ろうとすると、もう息をしていませんでした。砂澤の最期を看取《みと》った人は、上地さんでした。

いつだったかは不明ですが、ある時、砂澤は「神様が言われることが分からなくなった」とつぶやいたそうです。神様が言われることを、どう伝えていいのか分からなくなってしまったのです。これが、霊能者としての砂澤の最期でした。

話は前後しますが、二〇〇九年三月二日、砂澤が敬慕《けいぼ》していた伏見稲荷の第十三代宮司様の坪原《つぼはら》喜《き》三郎《さぶろう》氏が亡くなりました。八十七歳でした。砂澤は落胆したことでしょう。そしてその後を追うかの如く、砂澤も同年の九月に亡くなったのです。

砂澤の葬儀は、二〇〇九年九月十四日に、生まれ故郷の兵庫県朝来《あさご》市和田山町《わだやまちょう》の葬儀会館で行われました。たくさんの信者さんが参列しました。

若いころ、何度も死のうとして死ぬことができなかった砂澤は、皮肉なことに八十七歳の長寿をまっとうしてしまいました。これほど長生きしようとは、思ってもみなかったことでしょう。人生は思うようにはいかないものだと、あの世で苦笑しているかもしれません。

砂澤の墓は、鳥取市の長通寺《ちょうつうじ》にあります。この寺は砂澤の祖母が教会を開いていた集落の側にあり、祖母もここに眠っています。また、この寺には、砂澤が作った小さな観音堂や、砂澤が建てた経文《きょうもん》らしき一節が刻まれた大きな石碑もあります。

*

砂澤が亡くなってから、関係者に奇妙な出来事が起きました。

生前、砂澤に物を盗《と》ったと言われて難儀した人が何人かいました。砂澤が正気だった時、上地さんは砂澤にそのことを伝え、こんこんと諭《さと》しました。すると砂澤は真顔《まがお》で、私はそんなひどいことをしていたのか、悪いことをしてしまった、申し訳ないと反省しました。

砂澤の死後、物を盗ったと言われた人の夢に、砂澤が現れました。夢の中で砂澤は正座して手をついて深々《ふかぶか》とお辞儀をし、「申し訳ないことをした、許してください」と謝って消えたというのです。謝罪を受けた人は、せいせいした、これでやっと気持ちが晴れたと言ったそうです。

内藤憲吾

増補改訂版のあとがきに代えて——砂澤は「生きていた」

砂澤の死後、砂澤について書いた『お稲荷さんと霊能者』（洋泉社）は、二〇一七年一月に発売されると、私の予想を上回る売れ行きをみせました。

本が発売されると、さまざまな反響がありました。これもまったく予期していなかったことでした。

発売直後に奈良県のIさんから出版社気付で手紙をいただきました。この方はお祖母《ばあ》さんが霊能者で、ご自身も修行をされているとのことでした。この方がよく相談しておられるTさんも霊能力があり、稲荷山の一ノ峰などで行《ぎょう》をしておられるそうです。

私は、本の見本ができたとき、砂澤が死後に入ると言っていたお塚《つか》（一九五番）に見本を持参して参り、本ができたことを報告しました。私は、砂澤の死後、月に一度ぐらいお塚に参っていたのです。

私が見本をもって参ったすぐあとのことだったようですが、Tさんが一ノ峰で行をされていた時、ある声が聞こえてきて、その声に導かれて御膳谷《ごぜんだに》まで降りていかれました。御膳谷に着くと、お塚の間を縫って、砂澤のお塚の前に導かれました。

ここで、ある声の主《ぬし》は、自分が「砂澤たまゑ」であることを告げ、「内藤というものが今度『お稲荷さんと霊能者』という本を書いたので、読んでやってほしい」と言ったのです。声の主は、「気がつくと、ここにいた」と言いました。

Ｉさんは、「気がつくと」とは、死ぬ間際《まぎわ》のことは覚えていないという意味なのでしょうね、と書いておられました。

Ｉさんの手紙とこのことに触れたＴさんのブログを読んで、私は、砂澤が生前、死んだら一九五番のお塚に入ると言っていたのはやはり本当だった、と驚きました。私がお塚に本の見本を供えたことは、その時お塚の周《まわ》りには私以外に誰もいなかったのですから、私以外に知っている者はいません。もし、私以外にそれを知っているものがいたとすれば、それはお塚にいた砂澤の霊しか考えられません。

思いがけないことに、私の書いた本がきっかけとなって、砂澤は死後七年目にして初めてお塚にいることが明らかになったのです。それまで砂澤がお塚にいることは誰も言いませんでした。砂澤は「生きていた」のです。

声の主は、Ｔさんがお塚の前を離れてからもついてきて、帰り道の薬力社《やくりきしゃ》の前でもさまざまなことをしゃべったそうです。よほどしゃべることに飢えていたのでしょうか。Ｔさんは霊《れい》聴《ちょう》の能力がありましたので、砂澤の霊は、ようやく話せる人が現れて嬉《うれ》しかったのかもしれません。

Tさんは、声の主の声の質や話し方をブログに書いておられましたが、それは生前の砂澤を髣髴《ほうふつ》とさせるものがありました。やはり声の主は砂澤に違いありません。

復活した砂澤は、さまざまな異変を見せ始めました。

『お稲荷さんと霊能者』の刊行後、若い女性たちがこの本を読んで眼力社《がんりきしゃ》を訪ねてくるようになりました。女性たちは眼力社で砂澤のお塚の場所を訊《たず》ね、場所を教わるとロウソクを買ってお塚に参りました。

その中のひとりが砂澤のお塚に参ると、お塚の前に白い着物に黒の羽織姿《はおりすがた》の女性が立っていたそうです。この話を聞いた時、私は砂澤が出てきたと思いました。この他にも、お塚では異変がよく起きました。お塚の前に大きな蛇が横たわっていたこともありました。

砂澤のお塚はパワースポットになり、ネットでは「砂澤たまゑ先生」と呼ばれ、砂澤はすっかり有名人になってしまいました。

*

二〇二一年九月二十二日、砂澤が敬慕《けいぼ》していた前宮司様の坪原喜三郎《つぼはらきさぶろう》氏と砂澤の合祀祭《ごうしさい》が、伏見稲荷の霊魂社で行われました。

霊魂社は、一の鳥居をくぐって参道を歩いていると、左手にあります。小祠《しょうし》が三つ並んでいますが、その一番右側が霊魂社です。

この小祠は、「講務本庁の特別崇敬《すうけい》者等、当社に係り深い物故《ぶっこ》者の御霊《みたま》が合祀されている」ところです。伏見稲荷に多大な貢献をした人々や、関係の深かった人々を祀っているところなのです。生前敬愛していた宮司様とともに祀られたことは、砂澤にとって無上の喜びだったことでしょう。

最後に、本書の復刊を実現してくださった二見書房の小塩隆之氏に深く感謝致します。

二〇二三年十二月五日

内藤憲吾